MEIKE BÜNKER
DERYA VOLLMER

Fachfremd unterrichten
MATHEMATIK
3/4

Die Autorinnen:

Meike Bünker absolvierte ihr Studium an der Westfälischen Wilhelms-Universität Münster in den Fächern Deutsch, Mathematik und Sport. Nach dem Referendariat war sie als Vertretungslehrkraft im Kreis Recklinghausen tätig. Seit 2006 ist sie Lehrerin an der Pestalozzischule in Dorsten.

Derya Vollmer studierte an der Universität Duisburg/Essen in den Fächern Mathematik und evangelische Religion. Seit dem Referendariat unterrichtet sie an der Pestalozzischule in Dorsten.

Projektleitung: Meike Stein-Khouja, Berlin
Redaktion und Sachzeichnungen: Stefan Giertzsch, Werder (Havel)
Umschlagkonzept/-gestaltung: LemmeDESIGN, Berlin
Umschlagfoto: Fotolia/contrastwerkstatt
Layout/technische Umsetzung: fotosatz griesheim GmbH
Illustrationen: Dorothee Wolters, Köln

www.cornelsen.de

1. Auflage 2018

© 2018 Cornelsen Verlag GmbH, Berlin

Druck: Media Print Informationstechnologie GmbH, Paderborn

ISBN 978-3-589-16177-5

PEFC zertifiziert
Dieses Produkt stammt aus nachhaltig bewirtschafteten Wäldern und kontrollierten Quellen.
PEFC
PEFC/04-31-0810
www.pefc.de

Inhalt

1. Grundlegende Einführung in das Fach Mathematik 4

2. Inhaltsbezogene und prozessbezogene Kompetenzen 5

3. Didaktisch-methodische Einführung 7

4. Anleitungen und Tipps zur Unterrichtsplanung 10

   Bereich Zahlen und Operationen 10

   Wir erforschen Mal-Plus-Häuser 10

   Wir erweitern unseren Zahlenraum: Mengenvorstellung 21

   Wir addieren im Zahlenraum bis 1000 38

   Bereich Raum und Form 51

   Wir erkunden symmetrische Figuren...... 51

   Bereich Daten, Häufigkeiten und Wahrscheinlichkeiten................. 55

   Wir erheben und deuten Daten.......... 55

   Bereich Größen und Messen........... 59

   Wir messen und rechnen mit Längen 59

   Bereich Zahlen und Operationen 68

   Wir wiederholen die schriftliche Addition mit Ziffernkarten 68

   Wir erweitern unseren Zahlenraum: Mengenvorstellung 73

   Wir multiplizieren schriftlich 88

   Bereich Raum und Form 99

   Wir knobeln mit Pentominos. 99

   Bereich Daten, Häufigkeiten und Wahrscheinlichkeiten................. 105

   Wir werden Strummi-Forscher 105

   Bereich Größen und Messen.......... 110

   Wir messen und rechnen mit Gewichten........................... 110

5. Ermittlung der Lernausgangslage und des Lernzuwachses 115

6. Ideenkoffer 119

   Kopfrechenspiele 119

   Grundlagenspiele 119

   Blitzblick 119

   Zahlenräuber/Mister X 119

   Die große Zahl gewinnt 119

   Hohe Hausnummer 119

   Rechenspiele......................... 119

   Eckenrechnen 119

   Fußball rechnen....................... 120

   Bingo 120

   Kopfrechenolympiade 120

   Partnerrechnen 120

   Rechenreise 120

7. Blanko- und Zusatz-KV............... 121

Literatur 128

In der Grundschulzeit erfahren und erleben die Kinder eine umfassende und grundlegende Bildung als Basis für weiterführendes Lernen und die Teilhabe am sozialen und kulturellen Leben. Dabei gilt es, im Mathematikunterricht grundlegende mathematische Kompetenzen auf der Basis individueller Vorerfahrungen zu entwickeln, zu vertiefen und zu erweitern. Das Mathematiklernen in der Grundschule orientiert sich nicht nur an der Vermittlung von Kenntnissen (z.B. automatisiertes Beherrschen der Aufgaben des Einmaleins) und Fertigkeiten (z.B. Lösen von Rechenaufgaben), sondern dient auch der Entwicklung prozessbezogener Fähigkeiten (z.B. Problemlösen). So werden in der aktiven Auseinandersetzung mit mathematischen Situationen sowohl inhaltsbezogene, als auch prozessbezogene Kompetenzen gleichermaßen gefördert.

Laut Beschluss der Kultusministerkonferenz (KMK) sind für den Mathematikunterricht der Grundschule folgende inhaltsbezogene Kompetenzen zu entwickeln:
- Zahlen und Operationen,
- Raum und Form,
- Muster und Strukturen,
- Größen und Messen,
- Daten, Häufigkeit und Wahrscheinlichkeit.

Die prozessbezogenen Kompetenzen werden als allgemeine mathematische Kompetenzen aufgeführt:
- Problemlösen,
- Kommunizieren,
- Argumentieren,
- Darstellen,
- Modellieren.

Diese Kompetenzorientierung erhielt deutschlandweit Einzug in die Lehrpläne der einzelnen Bundesländer.

In der Regel kommen die Kinder neugierig und lernfreudig in die Schule. In der Vorschulzeit haben sie vielfältige Lernerfahrungen aktiv gesammelt, Erfolge und Misserfolge erlebt und verarbeitet und Freude im gemeinsamen Spiel mit anderen empfunden. Ziel ist es, diese Offenheit für aktiv-entdeckendes Lernen und soziales Handeln aufrechtzuerhalten. Durch ermutigende Unterstützung und Rückmeldungen fördert die Lehrkraft eine positive Einstellung zur Mathematik und ein Selbstvertrauen in die eigenen Fähigkeiten. Könnenserfahrungen an geeigneten Aufgaben und ein konstruktiver Umgang mit Fehlern und Schwierigkeiten ermöglichen individuelle Fortschritte, welche zum mathematischen Arbeiten motivieren.

Neben dem Prinzip des aktiv-entdeckenden Lernens sollten die individuellen Voraussetzungen der Schüler durch geeignete Aufgabenstellungen berücksichtigt werden. Dies kann durch eine natürliche Differenzierung (z.B. offene Aufgabenstellungen) oder durch eine lehrergesteuerte Differenzierung (quantitativ oder qualitativ) erfolgen.

Im Mathematikunterricht wird dem Lernen als aktiver, individueller Prozess immer mehr Raum gegeben, wodurch die Kinder Möglichkeiten zum selbstgesteuerten Lernen (individuelle Lernwege) erhalten. Dadurch verändert sich die Rolle der Lehrkraft, die nicht mehr kleinschrittig Wissen vermittelt, sondern Lernprozesse anregt und beratend und begleitend zur Seite steht.

Über das Buch

Dieses Buch will Lehrkräften eine Orientierung über den Mathematikunterricht im dritten und vierten Schuljahr geben, die fachfremd unterrichten und keine Ausbildung im Fach Mathematik haben.

Neben einer Übersicht der inhaltsbezogenen und prozessbezogenen Kompetenzen, erfolgt eine kurze didaktisch-methodische Einführung. Diese werden in den Vorschlägen zur Unterrichtsplanung berücksichtigt. Neben den Anleitungen zur Unterrichtsgestaltung finden sich zahlreiche Kopiervorlagen zum sofortigen Einsatz im Unterricht. Diese Kopiervorlagen sind so konzipiert, dass sich der Schwierigkeitsgrad sowohl innerhalb einer Aufgabe, als auch von Aufgabe zu Aufgabe steigert. Offene Aufgaben ermöglichen zudem eine natürliche Differenzierung. Darüber hinaus besteht die Möglichkeit zur Kennzeichnung von Sternchen-/Zusatzaufgaben vor dem Kopieren. Dabei wurde darauf geachtet, dass aus fast allen Inhaltsbereichen exemplarisch Unterrichtsvorschläge existieren.

Außerdem werden Hinweise zur Ermittlung der Lernausgangslage und des Lernzuwachses gegeben, welche die Lehrkraft zur Vor- und Nachbereitung des Unterrichts sowie bei der Elternberatung unterstützen. Ein Beobachtungsbogen als Kopiervorlage dient als Instrument zur Dokumentation von beobachtbaren Leistungen.

Zum Abschluss gibt ihnen ein Ideenkoffer einen Überblick über Spiele im Mathematikunterricht und ermöglicht durch Blanko-Kopiervorlagen die Herstellung weiteren Übungsmaterials.

Die Kultusministerkonferenz (KMK) hat im Jahr 2004 Bildungsstandards für inhaltsbezogene und prozessbezogene (allgemeine) mathematische Kompetenzen am Ende der Klasse 4 verbindlich vereinbart.

Inhaltsbezogene mathematische Kompetenzen

Im Folgenden werden die inhaltlichen Bereiche des Mathematikunterrichts an Grundschulen kurz vorgestellt, in denen die Kinder im Laufe ihrer Grundschulzeit Kompetenzen entwickeln sollen. Genauere Informationen zu den Kompetenzerwartungen befinden sich in den jeweiligen Lehrplänen der Bundesländer.

Zahlen und Operationen

Grundvoraussetzung für jegliches beziehungsreiches und bewegliches Umgehen mit Zahlen und Operationen ist die Entwicklung einer gesicherten Zahlvorstellung.

Ausgehend von den verschiedenen Zahldarstellungen, welche die Kinder in den ersten beiden Schuljahren kennengelernt und beziehungsreich erfahren haben, wird in den Schuljahren 3 und 4 ein grundlegendes Verständnis für den Aufbau des Stellenwertsystems von großer Bedeutung. So ist es den Kindern erst möglich, den Zahlenraum bis Tausend zu erfassen, sich darin zu orientieren und Analogien zwischen den Hunderterzahlen zu erkennen, wenn sie zuvor im zweiten Schuljahr eine gesicherte Vorstellung vom Zahlenraum bis Hundert erworben haben.

Aufgrund des sich schnell erweiternden Zahlenraums besteht immer weniger die Möglichkeit, Zahlen als Mengen darzustellen und zu begreifen. Im Zahlenraum bis Tausend, der im dritten Schuljahr erarbeitet wird, kann eine Zahldarstellung sowohl mit konkretem Material (Mehr-System-Blöcke nach Dienes, Zahlenstrahl, Tausenderbuch), als auch zeichnerisch (Geheimschrift) erfolgen. Doch schon im vierten Schuljahr mit der Zahlenraumerweiterung bis zu 1 Million ist eine Zahldarstellung kaum umsetzbar. Daher ist bei der Erweiterung und Orientierung in neuen Zahlenräumen stets ein besonderes Augenmerk auf den dekadischen Aufbau unseres Zahlsystems zu legen. Dabei werden immer zehn Elemente gebündelt und in die nächsthöhere Einheit überführt. So werden z. B. zehn Einer gebündelt zu einem Zehner und zehn Zehner wiederum zu einem Hunderter gebündelt. Daraus ergibt sich die Ziffernschreibweise unserer Zahlen nach Stellenwerten, bei der die Stellung der Ziffer innerhalb einer Zahl deren Wert angibt.

Erst wenn eine grundlegende Mengenvorstellung und ein gesichertes Verständnis des Stellenwertsystems vorhanden sind, sind die Kinder in Lage gedanklich mit mehrstelligen Zahlen zu operieren und zu rechnen.

Das Rechnen bedeutet immer, in Mengen zu operieren (Zahlen als Kardinalzahlen). Man unterscheidet beim Rechnen zwischen Kopfrechnen (mündliches Rechnen), halbschriftliches Rechnen (Zahlenrechnen) und schriftliches Rechnen (Ziffernrechnen). Beim Kopfrechen werden Aufgaben ohne Notation nur im Kopf gerechnet. Beim halbschriftlichen Rechnen werden die Rechenschritte ebenfalls im Kopf vollzogen, jedoch zusätzlich durch schriftliche Aufzeichnungen unterstützt. Zahlen bleiben dabei als Menge bzw. Teilmenge erhalten. Beim schriftlichen Rechnen werden Zahlen in Ziffern zerlegt und nach einem festgelegten Verfahren bearbeitet. Die Fähigkeit, Rechenwege flexibel nach eigenen Präferenzen auszuwählen, kann bei allen Rechenanforderung Anwendung finden.

Raum und Form

Sowohl in alltäglichen Situationen, als auch zur Entwicklung einer Zahlraumvorstellung sind das räumliche Vorstellungsvermögen und die Erfassung geometrischer Beziehungen bedeutsam. Die Orientierung und die Vorstellung im Raum werden durch vielfältige Handlungen geschult. Zeitgleich werden dadurch visuelle Wahrnehmungsfähigkeiten weiterentwickelt. Die Auseinandersetzung mit und die Kenntnis von ebenen Figuren und Körpern und deren Eigenschaften gehören ebenso in diesen Bereich, wie grundlegendes Wissen über Symmetrie und die Grundfertigkeiten des Zeichnens.

Muster und Strukturen

Durch die Begegnung mit Mustern, deren Entschlüsselung und Fortführung, lassen sich Schüler leicht begeistern. Dabei können Gesetzmäßigkeiten sowohl in arithmetischen, als auch in geometrischen Mustern entdeckt, beschrieben und fortgesetzt werden. Die Entwicklung und Beschreibung eigener Muster fördert die kreative Auseinandersetzung im Rahmen der Mathematik.

Größen und Messen

Die Entwicklung von realistischen, alltagstauglichen Größenvorstellungen ist ein zentrales Anliegen des Mathematikunterrichts. In diesem Bereich sind die Lebenswirklichkeit und der mathematische Inhalt eng miteinander verbunden und die Kinder wenden ihr sachrechnerisches Grundwissen bei den Größen

Zeit, Geld, Länge, Gewicht, Rauminhalte an. Die Abfolge zur Einführung eines Größenbereiches findet klassischerweise wie folgt statt:

- spielerische Auseinandersetzung,
- direkter Vergleich von Gegenständen,
- indirekter Vergleich von Gegenständen,
- indirekter Vergleich mit standardisierten Maßeinheiten.

Daten, Häufigkeit und Wahrscheinlichkeit

Die Kinder erfassen Daten und halten diese in verschiedenen Darstellungen fest. Sie treffen Aussagen zu den Daten, bewerten diese und ermitteln Häufigkeiten. Bei einfachen Experimenten beschreiben die Schüler mithilfe von Grundbegriffen die Wahrscheinlichkeit des Eintreffens eines Ergebnisses.
In diesen Bereich fallen auch kombinatorische Fragestellungen, bei denen die Anzahl verschiedener Möglichkeiten ermittelt wird.

Prozessbezogene (allgemeine) mathematische Kompetenzen

Im Folgenden werden die prozessbezogenen Bereiche des Mathematikunterrichts an Grundschulen kurz vorgestellt, in denen die Kinder im Laufe ihrer Grundschulzeit Kompetenzen entwickeln sollen. Genauere Informationen zu den Kompetenzerwartungen befinden sich in den jeweiligen Lehrplänen der Bundesländer.

Problemlösen

Probleme lösen die Kinder immer genau dann, wenn sie zur Bearbeitung einer Aufgabe nicht auf bereits erarbeitete Vorgehensweisen und Verfahren zurückgreifen und diese anwenden können. Problemlöseaufgaben ermöglichen eine individuelle Herangehensweise, wobei die Schüler Zusammenhänge erkennen, Vermutungen anstellen, systematisch probieren, überprüfen und übertragen. Es ist wichtig für das mathematische Selbstvertrauen und die Entwicklung der Problemlösekompetenz, dass Kinder neben Erfolgserlebnissen auch Strategien und Lösungswege der Mitschüler kennenlernen und gemeinsam reflektieren.

Kommunizieren

Die Kommunikation als Mittel der Verständigung ist ein zentrales, fächerübergreifendes Bildungsziel. Im Mathematikunterricht tauschen sich Kinder über Rechenwege, Lösungsstrategien oder Entdeckungen aus. Sie beschreiben, erklären und begründen sowohl verbal, als auch schriftlich und nutzen dabei mathematische Fachsprache. Neben geeigneten Aufgaben (z. B. offene und entdeckende Aufgabenstellungen) ist der Einsatz passender Unterrichtsmethoden (z. B. Mathekonferenzen) notwendig.

Argumentieren

Anhand geeigneter Aufgaben begründen die Kinder ihre Vermutungen und Ergebnisse. Dabei entwickeln sie eine Haltung des Hinterfragens, stellen mathematische Zusammenhänge dar und erläutern Beziehungen.

Modellieren

Hierbei geht es um die Anwendung von mathematischen Fertigkeiten in konkreten Situationen aus der Erfahrungswelt der Schüler. Dabei wird eine Sachsituation in ein mathematisches Modell übertragen, beschrieben, bearbeitet und anschließend auf die Ausgangssituation angewendet.

Darstellen

Darstellen beinhaltet neben dem sprachlichen Ausdruck auch eine Veranschaulichung mithilfe verschiedener Darstellungsmittel. Nach einer grundlegenden Einführung der nonverbalen Darstellungsmittel sollen die Kinder in die Lage versetzt werden, diese Darstellungen zu lesen, zu interpretieren und zu vergleichen. Außerdem lernen die Schüler, geeignete Darstellungen auszuwählen, zu nutzen und zwischen ihnen zu wechseln.

3. Didaktisch-methodische Einführung

Im Fach Mathematik gibt es verschiedene Unterrichtsprinzipien, die bei der Planung und Durchführung berücksichtigt werden sollten. Dabei orientieren sich diese Prinzipien an den Leitideen eines zeitgemäßen Mathematikunterrichts, der sowohl inhaltsbezogene, als auch prozessbezogene Kompetenzen parallel entwickelt.

Ein wesentliches Unterrichtsprinzip stellt das entdeckende Lernen dar, welches für einen kompetenzorientierten Mathematikunterricht unverzichtbar ist. Entdeckendes Lernen ist gleichermaßen für leistungsstärkere und leistungsschwächere Schüler geeignet, um die mathematischen Fähigkeiten auf ihrem eigenen Niveau zu entwickeln. Die Lehrkraft wählt dazu Aufgaben aus, die mathematische Inhalte komplex strukturiert darstellen und ganzheitlich behandelt werden können. Dabei fordern die Aufgaben die Kinder auf, zu beobachten, zu hinterfragen, zu vermuten und auszuprobieren. Die Schüler erhalten die Möglichkeit, auf einem für sie angemessenen Schwierigkeitsniveau aktiv zu arbeiten und mathematische Zusammenhänge zu begreifen, sodass sie im Sinne einer natürlichen Differenzierung Lernfortschritte machen können. Beim entdeckenden Lernen gibt es neben Phasen der selbstständigen Auseinandersetzung mit dem Lerngegenstand auch Phasen der gemeinsamen Kommunikation über Ideen, Lösungswege und Entdeckungen. Die Rolle der Lehrkraft besteht darin, die Schüler in dieser Phase zu begleiten und ggf. anzuregen.

Die bereits oben erwähnte natürliche Differenzierung stellt also eine Differenzierung vom Kind aus dar. Die individuellen mathematischen Vorerfahrungen und Lernfähigkeiten der Schüler divergieren bereits bei Schuleintritt stark. Anstelle eines nach Schwierigkeitsgraden gestuften Aufgabenangebots durch die Lehrkraft, wählt sie substanzielle Aufgaben im Sinne des entdeckenden Lernens aus, welche eine natürliche Differenzierung ermöglichen. Dabei hat sie im Blick, welche fachlichen Kompetenzen die Kinder auf ihren eigenen Wegen erlangen sollen und öffnet den Unterricht, um der Heterogenität der Lerngruppe gerecht zu werden. Ein Aufgabenformat gilt dann als substanziell, wenn zeitgleich Schüler auf verschiedenen Anforderungsniveaus arbeiten und dabei individuelle Lernfortschritte machen können, sowohl im Bereich der inhaltsbezogenen, als auch der prozessbezogenen Kompetenzen.

Üben im Sinne eines zeitgemäßen, an Kompetenzen orientierten Mathematikunterrichts besteht nicht in der Bearbeitung von „grauen Päckchen" und „bunten Hunden" (vgl. Wittmann/Müller), sondern vielmehr im beziehungsreichen Üben. Im Gegensatz zu den „grauen Päckchen", bei denen Aufgaben beziehungslos nebeneinander stehen, fokussieren strukturierte Übungen eben diese Beziehungen zwischen Zahlen und Aufgaben, welche als Basis mathematischer Lernprozesse dienen und beziehungsreiches Denken fördern. Man unterscheidet je nach Beziehungsart zwischen

- operativ strukturierten Übungen (Beziehungen in operativen Strukturen, z. B. Entdeckerpäckchen),
- problemstrukturierten Übungen (Beziehungen innerhalb eines mathematischen Problems, z. B. Rechendreiecke) und
- sachstrukturierten Übungen (Beziehungen in Sachsituationen, z. B. Streckennetz Autobahn).
- All diese Übungen sind herausfordernd und ermöglichen den Kindern, selbstständig Lösungswege zu finden.

Das Spiralprinzip gründet auf einer Erkenntnis von Bruner, die besagt, dass mathematische Lerninhalte auf verschiedenen Entwicklungsstufen erneut aufgegriffen, wiederholt und vertieft werden sollen. Im Laufe der vier Grundschuljahre werden beispielsweise erarbeitete Rechenstrategien in immer größeren Zahlenräumen erneut aufgegriffen und auf ein komplexeres Anforderungsniveau übertragen. Ebenfalls sollte sich die Wahl des Darstellungsmittels über die Schuljahre hinweg fortsetzen, damit die Kinder entdeckte Strukturen nutzen und übertragen können (z. B. Zwanzigerfeld – Hunderterfeld – Tausenderbuch – Millionenbuch). Für eine spiralförmige Wiederkehr bieten sich substanzielle Aufgabenformate an, die auf einfachem Niveau eingeführt zunehmend tiefgreifender erschlossen werden.

Das Prinzip der Handlungsorientierung bietet dem Kind die Möglichkeit, sich einen mathematischen Inhalt durch strukturierte und systematische Handlungen auf verschiedenen Darstellungsebenen zu erschließen. Dabei können Handlungen konkret am Material (enaktiv), zunehmend kognitiv zunächst an bildhaften Darstellungen (ikonisch) und später in abstrakter Darstellung wie Zeichen und Ziffern (symbolisch) erfolgen. In diesem Lernprozess sollte den Schülern neben der beschriebenen Abstraktion auch eine Konkretisierung durch den Wechsel zu handelnden Situationen ermöglicht werden. Die Kinder erhalten die Chance, auf ihrem Niveau zu

arbeiten, doch sollte die Lehrkraft im Blick behalten, jedes Kind durch eine substanzielle Lernumgebung und professioneller Begleitung zu höheren kognitiven Fähigkeiten anzuregen.

Die aus den Unterrichtsprinzipien resultierenden methodischen Entscheidungen müssen sorgfältig getroffen werden. So sind nicht alle Aufgabenstellungen, bei denen Kinder selbst aktiv werden, handlungsorientiert. Beispielsweise erlangen die Kinder durch das Blinken der beiden Faktoren einer Malaufgabe mit einer Taschenlampe keine Möglichkeit deren mathematischen Beziehungen zu entdecken. Vielmehr wird dadurch sogar nicht einmal eine multiplikative Handlung dargestellt.

Im Folgenden werden einige sinnvolle Methoden zur Unterrichtsgestaltung vorgestellt.

Sinnvolle Methoden zur Ermittlung der Lernausgangslange bieten Eigenproduktionen der Kinder, sowie Standortbestimmungen. Als Eigenproduktionen zählen mündliche oder schriftliche Beiträge der Schüler, die der Lehrkraft Auskunft geben über die selbstgewählten Vorgehens- und Denkweisen der Schüler. Diese Informationen dienen der Lehrkraft zur weiteren Planung und Durchführung des Unterrichts. Im Gegensatz zur Eigenproduktion wird die Standortbestimmung gezielt von der Lehrkraft in mündlicher oder schriftlicher Form durchgeführt, um die Lernstände und Lernzuwächse der Kinder im Hinblick auf ein Thema gezielt zu erfassen.

Als methodisches Grundkonzept zeitgemäßen Mathematikunterrichts, in dem gemeinsames Lernen individuell und gleichzeitig kooperativ gestaltet wird, besteht in der Gestaltung substanzieller Lernumgebungen zu mathematischen Themen. Dies betrifft nicht die Planung einzelner Unterrichtsstunden oder -reihen, sondern stellt einen kompetenzorientierten und offenen Unterrichtsalltag dar, in dem Kinder auf ihrem Leistungsniveau an ergiebigen Aufgaben arbeiten, entdeckend in unterschiedlichen Sozialformen lernen und eine positive Atmosphäre herrscht. Bei sogenannten substanziellen Aufgabenformaten, wie z. B. Rechendreiecke, Zahlenmauern und Mal-Plus-Häuser, sind Darstellung und Regel stets eindeutig festgelegt. Diese Aufgabenformate ermöglichen ein breit gefächertes Aufgabenspektrum, das bereits ab dem 1. Schuljahr auf verschiedenen Niveaustufen absolviert werden kann. Grundlage dafür ist eine intensive Einführung in den strukturellen Aufbau des Aufgabenformates, sodass

ein zuverlässiges Rechnen gegeben ist. Im Anschluss daran können nun verschiedene Aufgabentypen folgen, wie z. B. offene Aufgabenstellungen, Aufgaben zu operativen Zusammenhängen. Dies sei am Beispiel von Mal-Plus-Häusern kurz erläutert:
Finde verschiedene Lösungen zur Dachzahl 48. (offene Aufgabenstellung)
Die linke/rechte Zahl im Erdgeschoss wird um 1 größer/kleiner. Was fällt dir auf? (operative Aufgabenstellung)

In einer Lernumgebung, die gemeinsames Lernen auf verschiedenen Fähigkeitsniveaus initiiert ohne dabei zu separieren, sind strukturierte Kooperationsformen notwendig, um gemeinsam und im wechselseitigen Austausch Kenntnisse und Fertigkeiten zu erwerben, zu vertiefen und zu reflektieren und zeitgleich soziale und kommunikative Fähigkeiten zu entwickeln. Die Umsetzung kooperativer Lernmethoden im Mathematikunterricht zielt darauf ab, dass jedem einzelnen Kind einer Gruppe durch die gemeinsame Beschäftigung mit einem mathematischen Inhalt und einem gemeinsamen Ziel, die Weiterentwicklung seiner individuellen Fähigkeiten ermöglicht wird. Dabei findet eine stetige Kommunikation über Vorgehensweisen und Denkwege statt, die von den Kindern ein Perspektivwechsel erfordert und wodurch sie sich den mathematischen Inhalt tiefgreifender erschließen.

Um das Lernen in einer Lernumgebung zu strukturieren und zu rhythmisieren, findet es in drei aufeinanderfolgenden Schritten statt:
Think (Ich) – Pair (Du) – Share (Wir)
Dabei beschäftigt sich zunächst jedes Kind selbstständig mit dem mathematischen Inhalt, macht sich sein Vorwissen bewusst und entwickelt erste Lösungsideen. Anschließend findet ein Austausch mit einem Partner statt, bei dem beide ihre Ideen vorstellen und die des anderen nachvollziehen, bewerten und ggf. weiterentwickeln. Zum Abschluss findet eine Vorstellung der Ergebnisse im Klassenverband statt.

Die Methode Haltestelle/Lerntempoduett bietet sich für den Wechsel von Einzel- zu Partnerarbeitsphasen an. Dabei ermöglicht diese Methode das individuelle Arbeiten im eigenen Tempo. Nach Beenden der Einzelarbeit kommen Kinder zur Haltestelle/Treffpunkt und treffen auf Kinder, die in einem ähnlichen Lerntempo gearbeitet haben. Gemeinsam bilden sie für die Partnerarbeit ein Team.

Eine gute Möglichkeit, eine Partnerarbeit zügig und mit verschiedenen selbstgewählten/vorgegebenen Partnern zu organisieren, ist der Verabredungskalender. Hierbei verabreden sich die Kinder z. B. zu Beginn eines Schuljahres mit vier verschiedenen Kindern und notieren dies auf einem Verabredungskalender. Sobald eine Partnerarbeit ansteht, entscheidet die Lehrkraft mit welcher Verabredung (z. B. Zahlen, Tiere, Himmelsrichtungen) zusammengearbeitet wird.

Eine Methode, bei der Kinder gemeinsam Lösungswege von Aufgaben austauschen und bewerten, ist die Mathekonferenz. Eine Mathekonferenz hat einen vorgegebenen Ablauf, der gut eingeführt und geübt werden muss. Grundlage für eine gelungene Mathekonferenz ist die Auswahl einer anspruchsvollen Aufgabe, die verschiedene Lösungswege- und -strategien zulässt.

Zur Selbsteinschätzung und zur Reflexion bietet sich die 3-Finger-Einschätzung an. Hierbei reflektiert eine Gruppe/ein Paar über ihre Leistung, bezogen auf fachliche, soziale oder methodische Ziele. Dabei wird die Beurteilung wie folgt vorgenommen:
3 Finger – super,
2 Finger – ok,
1 Finger – nicht gut.

Außerdem bieten Arbeitsmittel die Möglichkeit, auf individuellen Wegen an gemeinsamen mathematischen Inhalten zu arbeiten. Dabei wird nicht das Ziel verfolgt, möglichst schnell auf der symbolischen Ebene zu arbeiten, sondern auf der Basis der individuellen Fähigkeitsniveaus Grundvorstellungen zu fordern und zu fördern.
Für die Entwicklung des mathematischen Denk- und Vorstellungsvermögens, sowie für das Operieren in höheren Zahlenräumen, ist der Erwerb einer grundlegenden Zahlvorstellung mithilfe von Anschauungsmitteln, die Einsicht in das dekadische Stellensystem sowie Erkenntnisse zu Zahlbeziehungen und Analogien unverzichtbar.
Im dritten Schuljahr können sowohl Mehr-System-Blöcke (nach Dienes), als auch ebenes Material (Einerplättchen – Zehnerstreifen – Hunderterfeld – Tausenderbuch) zur Zahldarstellung verwendet werden. Idealerweise wird nun das Anschauungs- und Handlungsmaterial des zweiten Schuljahres aufgegriffen und erweitert, sodass die Kinder in der Lage sind, Analogien und Beziehungen zu erkennen und herzustellen. Diese Materialien verdeutlichen den dekadischen Aufbau unseres Zahlsystems.

Diese konkrete Zahldarstellung mit Material sollte mithilfe der Stellenwerttafel nach und nach in eine abstrakte Zahldarstellung überführt werden. Dieser symbolischen Notation einer Zahl/Menge mithilfe von Ziffern sollten vielfältige Handlungs- und Orientierungsübungen auf enaktiver und ikonischer Ebene vorangegangen sein.
Insbesondere im vierten Schuljahr ist die Möglichkeit zur Handlung und Anschauung von Zahlen und Operationen aufgrund mangelnder Darstellbarkeit begrenzt. Die Darstellung einer Million kann allenfalls angebahnt werden, indem
- ein Millionenbuch vorgestellt wird (auf jedes einzelne Feld eines Tausenderbuches wird ein Tausenderbuch geklebt).
- man tausend Tausenderwürfel des Dienes-Materials zu einem Millionenwürfel zusammensetzt.

Die oben genannten Arbeitsmittel stellen die Zahl als Menge (kardinaler Zahlaspekt) dar. Eine weitere Möglichkeit, Zahlen darzustellen, Zahlumgebungen und Zahlbeziehungen zu verdeutlichen und Rechenoperationen zu visualisieren bieten lineare Anordnungen, wie z. B. Zahlenstrahl und Rechenstrich.

Spiele können im Mathematikunterricht der Grundschule ein motivierender und sinnvoller Baustein sein und der Förderung mathematischer und sozialer Kompetenzen dienen. Bei der Auswahl der Spiele sollten mathematische Inhalte im Fokus sein und diese eine Lernfunktion erfüllen, wie z. B. Hausnummern (Grundlagen schaffen: Stellenwertschreibweise).

Bereich: Zahlen und Operationen
Wir erforschen Mal-Plus-Häuser.

Unterrichtsvorhaben für Anfang Klasse 3

Lernziel:

Die Schüler

- wiederholen und vertiefen das Addieren und Multiplizieren im Zahlenraum bis 100 durch einen flexiblen Umgang mit dem Übungsformat Mal-Plus-Haus.
- kennen die Struktur, Gesetzmäßigkeiten und das Prinzip des Übungsformates Mal-Plus-Haus und nutzen diese zum Lösen mathematischer Problemstellungen.
- entwickeln handelnd und zielorientiert eigene Lösungsstrategien für mathematische Problemstellungen (Problemlösen/kreativ sein).
- schulen die prozessbezogenen Kompetenzen „Argumentieren" und „Darstellen/Kommunizieren".

Die ersten Schulwochen des dritten Schuljahres dienen der Wiederholung und Vertiefung der Inhalte des zweiten Schuljahres. Als Lernvoraussetzung für dieses Unterrichtsvorhaben verfügen die Kinder über Rechenfertigkeiten im Zahlenraum bis 100.

Sequenz 1:
Wir erforschen ein Rechenhaus.

Forscherauftrag: Wie passen die Zahlen in das Rechenhaus?

Materialvorbereitung: Zahlenkarten als Set für ein Mal-Plus-Haus als Tafelmaterial, KV1 und 2 als halben Klassensatz

Zum Einstieg benennen die Schüler das Thema/Ziel und den Verlauf der Stunde.

In der Hinführungsphase wird den Kindern im Theaterkreis ein leeres Mal-Plus-Haus präsentiert, das mit Kreide an die Tafel gezeichnet werden kann. Außerdem befinden sich Zahlenkarten neben dem Haus. Die Schüler äußern sich spontan und entwickeln eigene Ideen, wie die Zahlen ins Haus passen könnten. An dieser Stelle hat die Lehrkraft die Möglichkeit, folgende Impulse zu setzen:

- Drei Zahlen gehören immer zusammen und bilden eine Aufgabe.
- Ihre Räume sind miteinander verbunden.

- Es gibt mehrere/zwei Rechenarten in den Rechenhäusern.
- Kennst du andere Aufgabenformate, in denen die Zahlen ähnlich angeordnet werden (z. B. Zahlenmauer, Zerlegungshaus)?

In der Partnerarbeit bearbeiten die Kinder das bereits vorgestellte Rechenhaus gemeinsam (KV1). Zunächst schneiden sie die Zahlenwerte aus, um damit probierend oder systematisch eine Lösung zu entwickeln. Anschließend kleben sie ihre Lösung in das Mal-Plus-Haus auf. Zur Überprüfung ihrer entwickelten Rechenvorschrift bearbeiten die Kinder ein weiteres Haus (KV2). Dabei kleben sie ihre Lösung nur dann auf, wenn ihr Vorgehen erfolgreich war. Falls nicht, dann haben sie die Möglichkeit, eine Tippkarte einzusehen (KV3). Im Anschluss bearbeiten die Kinder in Einzelarbeit KV4.

In der Reflexionsphase können die Schüler ihr Vorgehen anhand einer gefundenen Lösung präsentieren und erläutern. Dabei werden wichtige Bezeichnungen auf einem Wortspeicher-Plakat gesammelt:

- Bezeichnungen der Zahlen im Haus (Dachzahl, linke/rechte Zahl im 1. Stock, linke/rechte/Mittelzahl im Erdgeschoss),
- Rechenvorschriften (addieren/Plus-Rechnen, multiplizieren/malnehmen und ggf. subtrahieren/Minus-Rechnen, dividieren/teilen).

Außerdem wird die Bezeichnung Mal-Plus-Haus eingeführt.

Zum Abschluss wird ein Beispiel an der Tafel präsentiert, bei dem die Schüler die fehlenden Zahlen rechnerisch ermitteln müssen. Außerdem kann KV5 als Hausaufgabe eingesetzt werden.

Sequenz 2:
Wir erforschen Mal-Plus-Häuser.

Forscherauftrag: Welche Lösungen gibt es bei Häusern mit der Dachzahl 48?

Zum Einstieg aktivieren die Kinder ihr Vorwissen, indem sie die Erkenntnisse der Vorstunde wiedergeben. Anschließend benennen die Schüler das Thema und den Verlauf der Stunde.

In der Hinführung sitzen die Schüler im Theaterkreis. Die Lehrkraft präsentiert ein Mal-Plus-Haus, in das nur die Dachzahl 48 eingetragen wurde. Anschließend äußern die Kinder mithilfe des Wortspeichers und ihres Vorwissens Vermutungen zum Vorgehen. Bevor die Kinder in die Arbeitsphase gehen, werden das Stundenziel und die Vorgehensweise besprochen:

- Versuche, durch Ausprobieren die fehlenden Zahlen zu finden.
- Trage deine (richtigen und falschen) Lösungen in die Häuser ein.
- Markiere die Häuser mit einer richtigen Lösung.
- Es gibt mehrere Mal-Plus-Häuser mit der Dachzahl 48.
- Wenn du Hilfe brauchst, wirf einen Blick auf die Tippkarte (KV7).

In Partnerarbeit lösen die Schüler gemeinsam dieses Problem (KV6) und tauschen sich über ihr Vorgehen aus.

In der Reflexion kommen alle Kinder in den Theaterkreis und gemeinsam werden die gefundenen Lösungen auf Blätter notiert und an die Tafel gehängt. Anschließend betrachten die Kinder ihre Lösungen und versuchen, Gemeinsamkeiten und Unterschiede herauszuarbeiten und ggf. erste Erkenntnisse zu formulieren:

- Sortieren der Häuser nach der Mittelzahl im Erdgeschoss: 6 oder 8.
- Bei allen Häusern der Mittelzahl 6 (8), ergeben die linke und rechte Zahl im Erdgeschoss zusammen 8 (6).
- Es gibt „spiegelverkehrte Mal-Plus-Häuser".
- Die Dachzahl gehört sowohl zur 6er als auch zur 8er Reihe.

KV8 dient als vorbereitende Hausaufgabe für die nächste Stunde. Dabei sollen die Kinder herausfinden, wie sich die Dachzahl verändert, wenn man die linke und rechte Zahl im Erdgeschoss vertauscht. Abschließend wird über die Zielerreichung gesprochen und ein Ausblick auf die nächste Stunde gegeben.

Sequenz 3:
Wir erforschen Mal-Plus-Häuser.

Forscherauftrag: Wie verändert sich die Dachzahl, wenn die linke/rechte Zahl im Erdgeschoss um 1 größer/kleiner wird?

Einstieg (s. Sequenz 1)
Zu Beginn werden die Erkenntnisse der Hausaufgabe besprochen. Dabei wird herausgearbeitet, dass die Dachzahl gleich bleibt, wenn die linke und rechte Erdgeschosszahl vertauscht werden.
In der Hinführungsphase sitzen alle Kinder im Theaterkreis und betrachten drei Mal-Plus-Häuser, bei denen nur die Zahlen im Erdgeschoss stehen. Gemeinsam wird mithilfe der Forscherfrage herausgefunden, welche Veränderungen es in dieser Häuserreihe gibt und diese wird dann farbig markiert.

Nachdem gemeinsam das erste Haus berechnet wurde, stellen die Kinder Vermutungen an, wie sich die Dachzahl verändern wird.
Die eine Hälfte der Klasse bearbeitet die KV9a und die andere Hälfte die KV9b in Partnerarbeit. Dabei beschäftigt sich die eine Gruppe mit den Randzahlen im Erdgeschoss, die immer um 1 größer werden und die andere Gruppe mit den Randzahlen im Erdgeschoss, die immer um 1 kleiner werden. Anfangs äußern sie erst gemeinsam ihre Vermutung und dann berechnen sie die Häuser. Dabei sollen sie zunächst herausfinden, welche Zahl sich im Erdgeschoss wie verändert (siehe Forscherauftrag) und welche Auswirkung dies auf die Dachzahl hat.
In der Reflexion stellen die Kinder ihre Ergebnisse vor und im Gespräch werden folgende Erkenntnisse gesichert:

- Wenn sich eine Randzahl (links/rechts) um 1 vergrößert, wird die Dachzahl größer.
- Wenn sich eine Randzahl (links/rechts) um 1 verkleinert, wird die Dachzahl kleiner.
- Die Dachzahl ändert sich jeweils um die Mittelzahl des Erdgeschosses, da dieser Faktor genau einmal mehr bzw. weniger berücksichtig wird.

Anschließend präsentiert die Lehrkraft zwei Mal-Plus-Häuser, bei denen die Veränderungen bereits markiert sind: Die linke Randzahl ist um 1 erhöht und die rechte Randzahl ist um 1 verringert. Nachdem diese Ausgangslage durch die Kinder erkannt und versprachlicht wurde, vermuten sie, was mit der Dachzahl passieren wird: Die Veränderungen der Randzahlen heben sich gegenseitig auf, sodass die Dachzahl unverändert bleibt.
Schließlich wird über die Zielerreichung gesprochen und ein Ausblick auf die nächste Stunde gegeben.

Sequenz 4:
Wir erforschen Mal-Plus-Häuser.

Forscherauftrag: Wie findest du schnell die fehlenden Zahlen im Erdgeschoss?

Einstieg (siehe Sequenz 1)
Zu Beginn werden die Erkenntnisse der letzten Stunde noch einmal aufgegriffen und die Bedeutung der Mittelzahl für Zahlen im 1. Stock und im Dach herausgearbeitet und an einem Beispiel verdeutlicht.
Die Schüler treffen sich im Theaterkreis und betrachten ein Mal-Plus-Haus ohne Erdgeschosszahlen. Die Lehrkraft stellt den Forscherauftrag vor und lässt erste Vermutungen äußern. Dabei weist sie auf die Möglichkeit hin, die Lösungen mithilfe leerer

Häuser probierend zu ermitteln. Mögliche Schüleräußerungen können sein:

- Zur linken Zahl im 1.Stock muss ich eine Malaufgabe finden.
- Zur rechten Zahl im 1.Stock muss ich eine Malaufgabe finden.
- Beide Malaufgaben müssen eine Zahl (Faktor) gemeinsam haben.
- Zuerst überlege ich, zu welcher Malreihe beide Zahlen im 1.Stock gehören. Dies ist die Mittelzahl im Erdgeschoss.
- Die Dachzahl ist ein Vielfaches der Mittelzahl im Erdgeschoss.

In der Arbeitsphase bearbeiten die Kinder in Einzelarbeit die KV10.

Im Anschluss werden die Ergebnisse und Entdeckungen im Plenum besprochen.

Sequenz 5:

Wir erforschen Mal-Plus-Häuser.

Forscherauftrag: Wie kann man alle Möglichkeiten finden (in einem Mal-Plus-Haus mit der Dachzahl 32 und der Mittelzahl 4 im Erdgeschoss)?

Einstieg (siehe Sequenz 1)

Am Anfang lösen die Kinder drei Mal-Plus-Häuser an der Tafel, bei denen jeweils die Zahlen im Erdgeschoss vorgegeben sind. Anschließend wiederholen sie die bereits erworbenen Kenntnisse, insbesondere den Zusammenhang zwischen Dachzahl (32) und Mittelzahl (4) im Erdgeschoss.

Danach betrachten die Schüler ein Mal-Plus-Haus, bei dem nur die Dachzahl und die Mittelzahl vorhanden sind. Die Lehrkraft stellt den Forscherauftrag vor und weist die Kinder daraufhin, dass es mehrere Lösungen zu finden gibt. Anschließend wird der Arbeitsauftrag erläutert und die Kinder bearbeiten in Partnerarbeit die KV11.

Während der Partnerarbeit geht die Lehrkraft herum und lässt von einzelnen Kindern eine gefundene Lösung in ein größer kopiertes Mal-Plus-Haus übertragen, um die anschließende Reflexion vorzubereiten. Dabei lässt die Lehrkraft bewusst nur acht der neun möglichen Lösungen eintragen.

Zur Reflexion finden sich alle im Theaterkreis zusammen und betrachten die gesammelten Ergebnisse an der Tafel. Gemeinsam werden diese sortiert. Das Sortieren kann sowohl nach aufsteigender Reihenfolge der linken/rechten Zahl im Erdgeschoss erfolgen oder das Vertauschen dieser beiden Zahlen berücksichtigen. Nun wird begründet, warum es eine weitere Möglichkeit gibt und diese hinzuge-

fügt. Anschließend sollen die Beziehungen der Erdgeschosszahlen und der Dachzahl näher betrachtet werden:

- Was hat die Dachzahl mit der Mittelzahl im Erdgeschoss zu tun?
- Schaut euch die Häuser an. Was haben die Außenzahlen im Erdgeschoss gemeinsam?
- Was haben die Außenzahlen im Erdgeschoss mit der Dachzahl zu tun? Warum ergeben sie zusammen immer 8?

Hierbei soll den Kindern verdeutlicht werden, dass Multiplikationsaufgaben zerlegt und zusammengesetzt werden können (Distributivgesetz). Dies kann durch Punktefelder zu den im Erdgeschoss vorhandenen Multiplikationsaufgaben veranschaulicht werden.

KV1 Rechenhaus

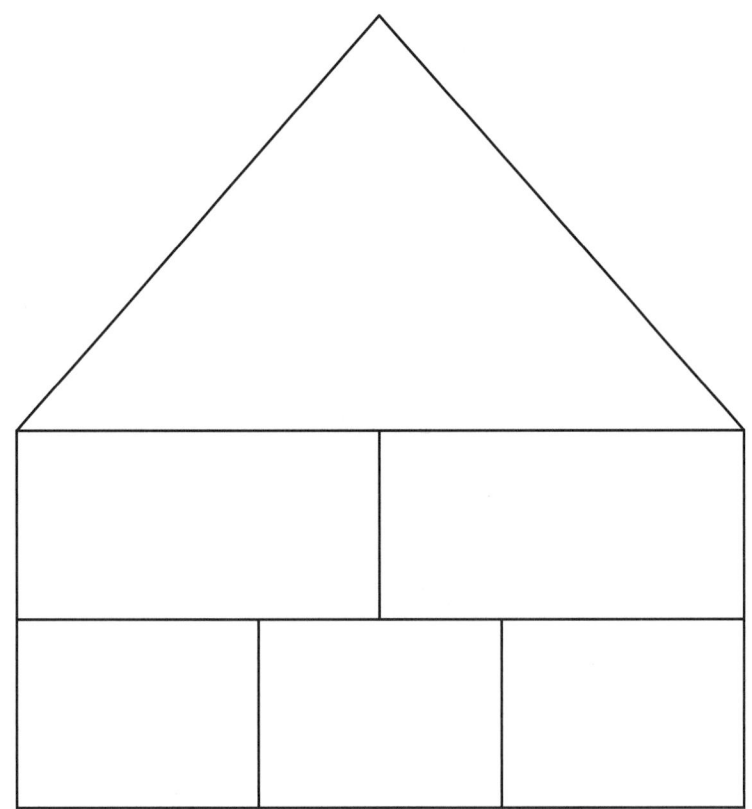

4	32
5	20
12	3

KV2 Rechenhaus

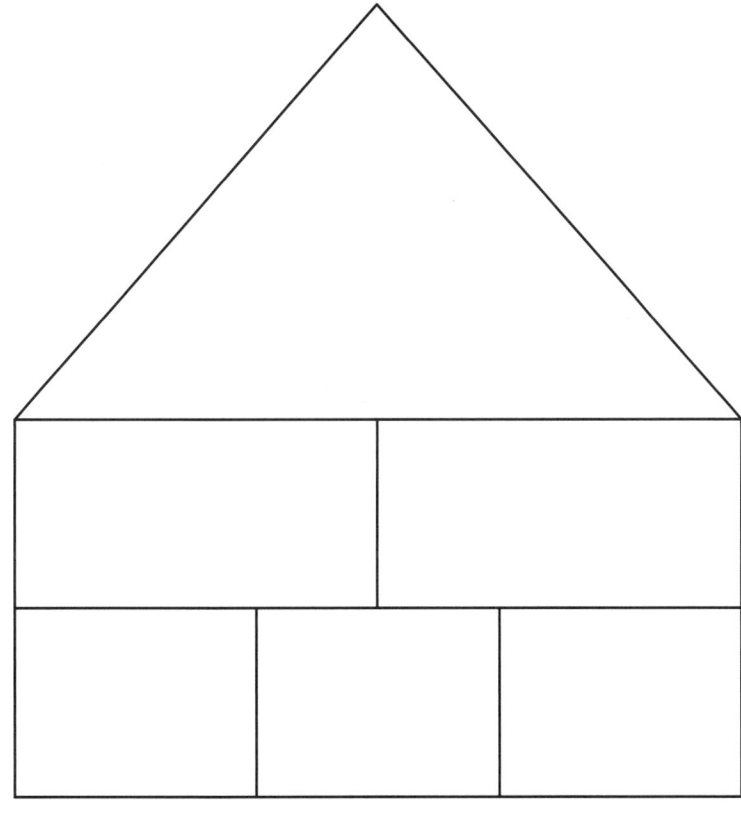

21	7
3	14
35	2

KV 3 Tipp-Karte

Dies ist ein Mal-Plus-Haus.

$$14 \quad +$$

$$2 \quad \cdot \quad 7$$

Bünker / Vollmer • Fachfremd unterrichten Mathematik 3/4 • Vignetten- u. Sachzeichnungen: Stefan Giertzsch

KV 4 Rechenhäuser füllen

Lass die Zahlen in die Häuser einziehen.

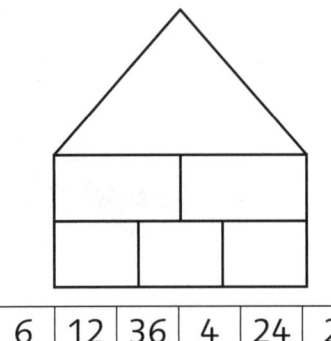

6	12	36	4	24	2

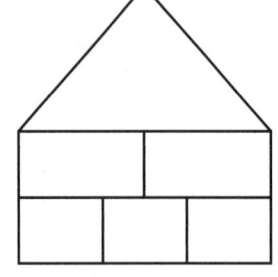

3	28	12	4	40	7

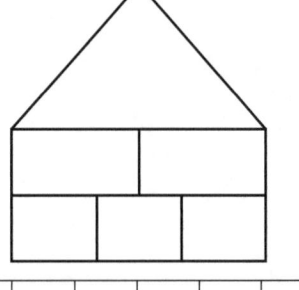

35	5	10	2	45	7

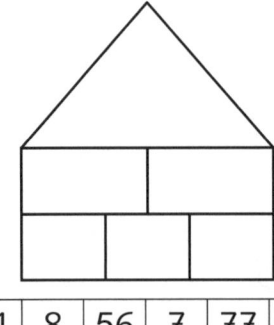

21	8	56	7	77	3

8	4	26	9	18	2

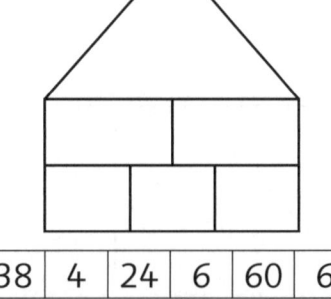

38	4	24	6	60	6

KV 5 Mal-Plus-Häuser

Berechne die fehlenden Zahlen in den Häusern.

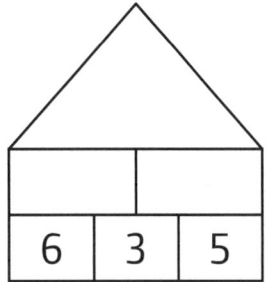
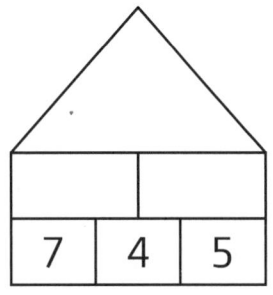
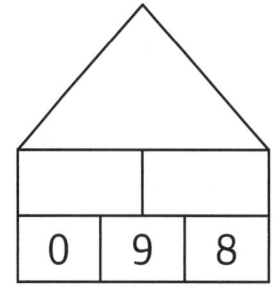

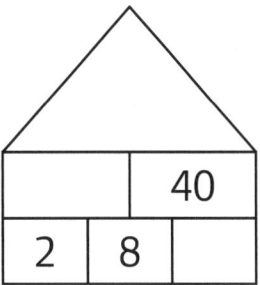
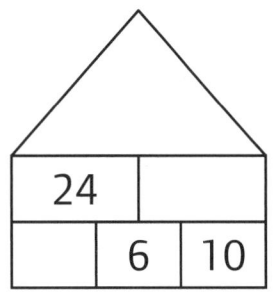
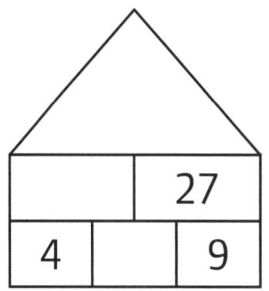

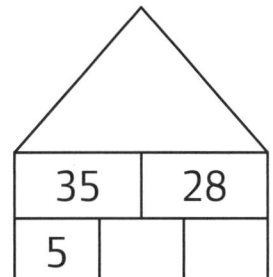
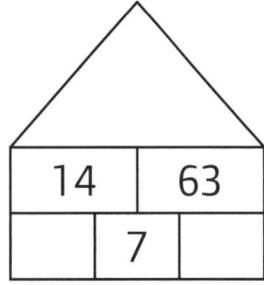
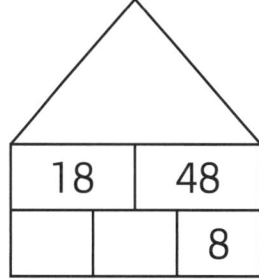

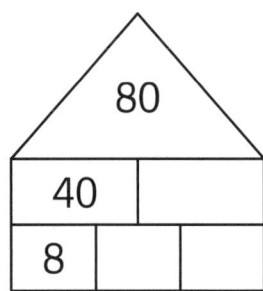
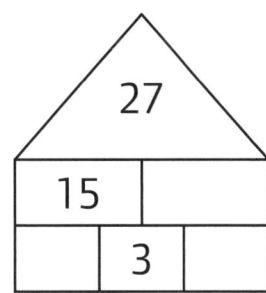

KV 6 Knobel-Mal-Plus-Häuser

Probiere aus und kreise richtige Lösungen ein.

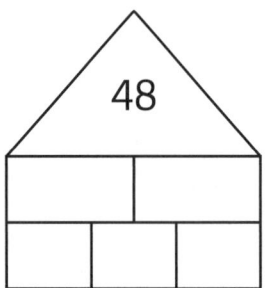 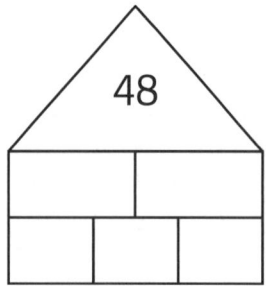 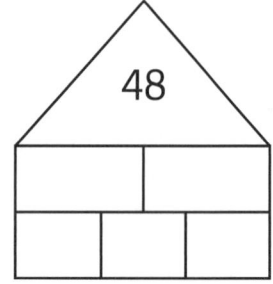

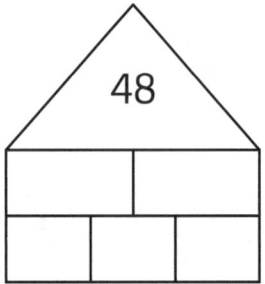 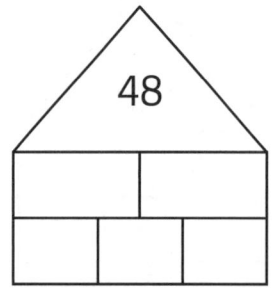 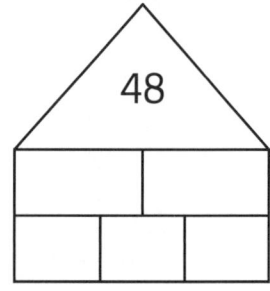

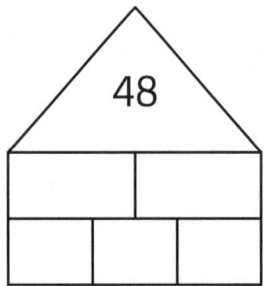 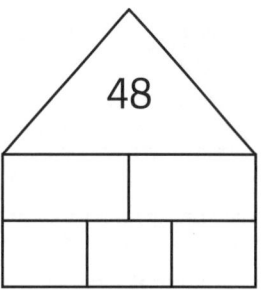 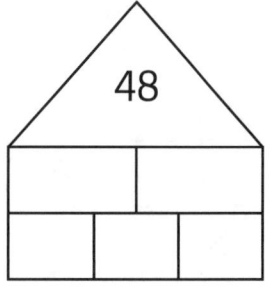

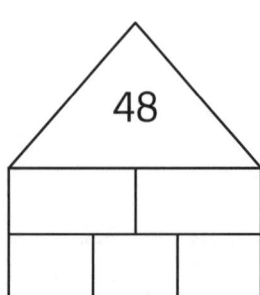 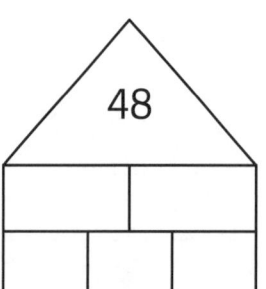 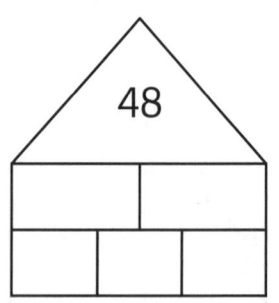

Bünker / Vollmer • Fachfremd unterrichten Mathematik 3/4 • Vignetten- u. Sachzeichnungen: Stefan Giertzsch

KV 7 Tipp-Karte

Dies ist ein Mal-Plus-Haus.

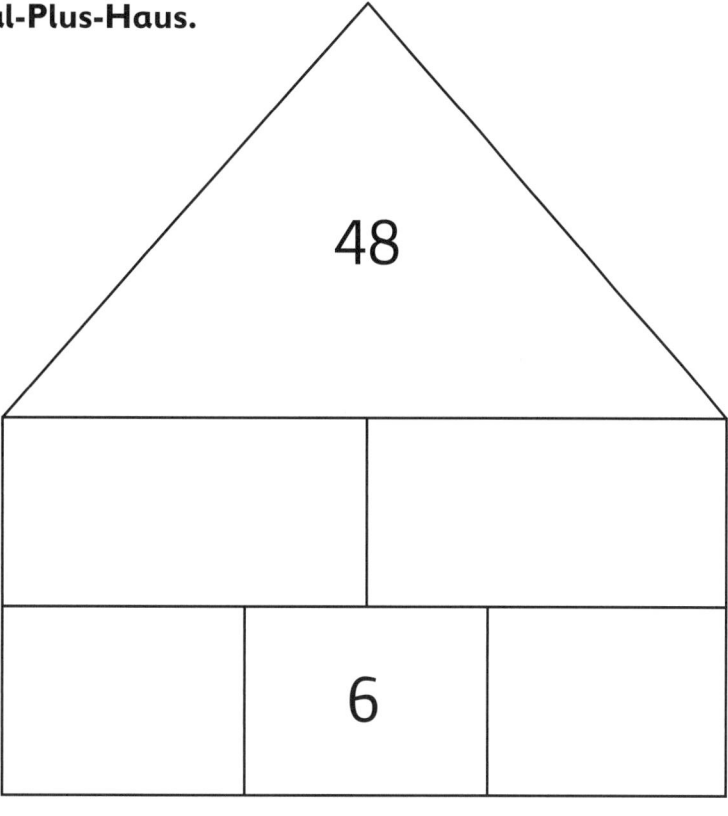

KV 8 Wie verändert sich die Dachzahl?

Vertausche die linke und rechte Zahl im Erdgeschoss. Was entdeckst du?

1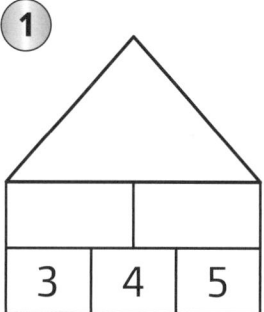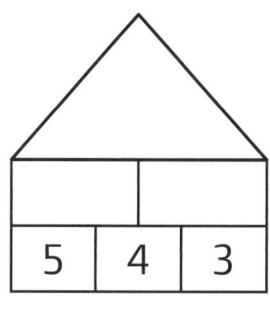

2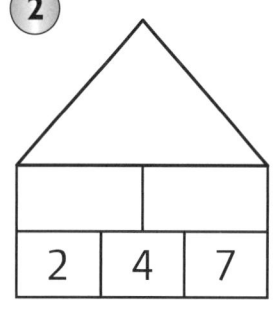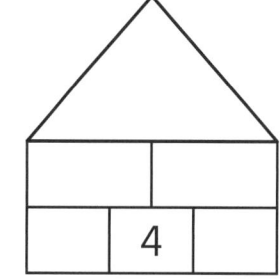

Das habe ich über die Dachzahl herausgefunden:

_____

_____

_____

_____

KV 9a Was passiert mit der Dachzahl? Vermutet zuerst und berechnet dann.

1

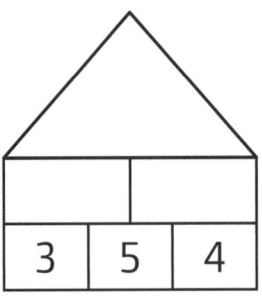 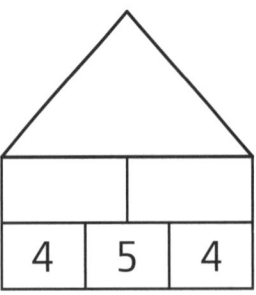 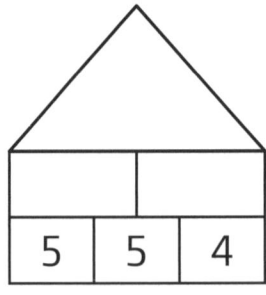 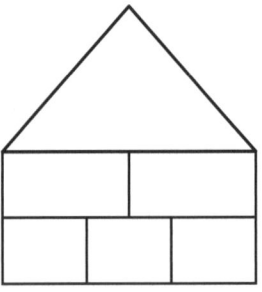

Die Dachzahl wird immer _____

2

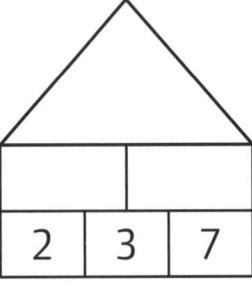 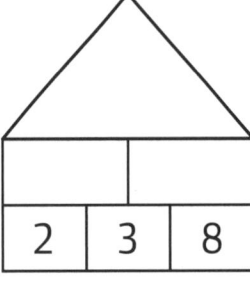 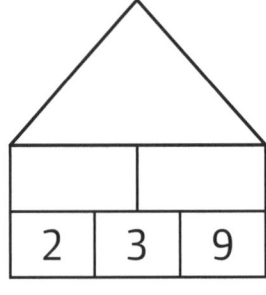 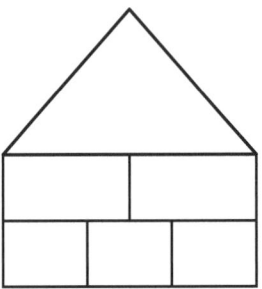

Die Dachzahl wird immer _____

KV 9b Was passiert mit der Dachzahl? Vermutet zuerst und berechnet dann.

1

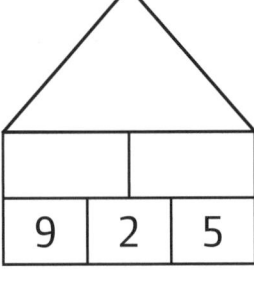 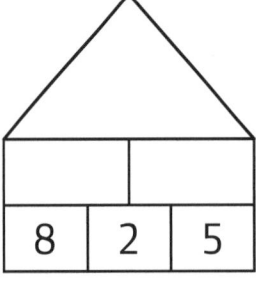 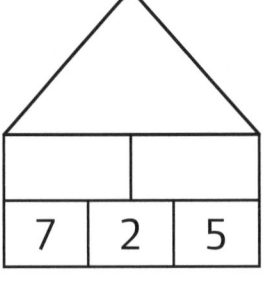 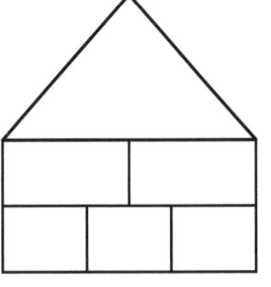

Die Dachzahl wird immer _____

2

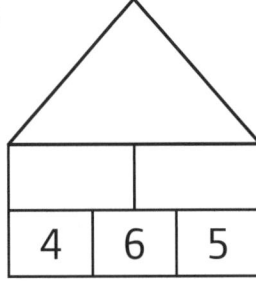 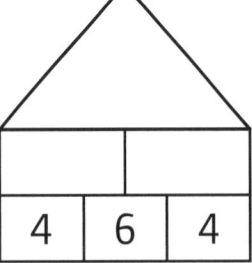 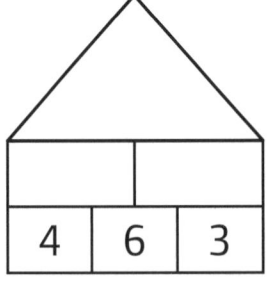 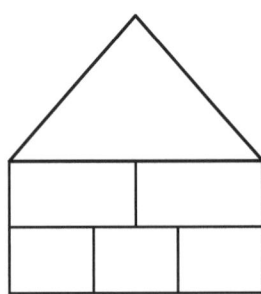

Die Dachzahl wird immer _____

Bünker / Vollmer • Fachfremd unterrichten Mathematik 3/4 • Vignetten- u. Sachzeichnungen: Stefan Giertzsch

KV 10 Knobel-Mal-Plus-Häuser

(1) **Finde die fehlenden Zahlen im Erdgeschoss.**

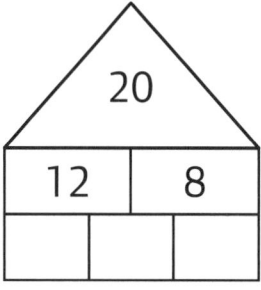
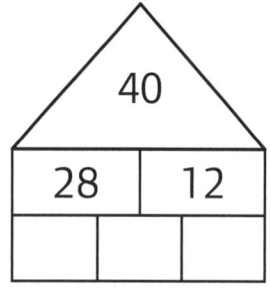
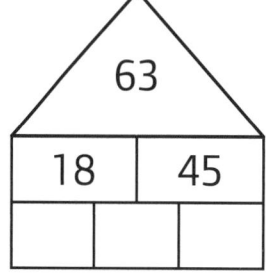
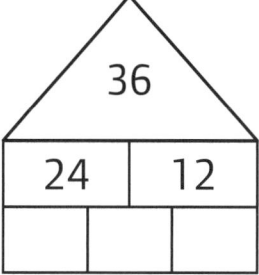
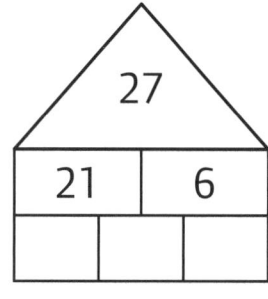
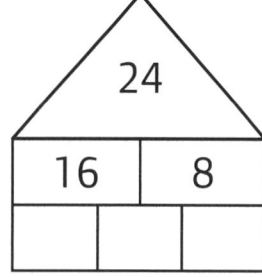

(2) **Finde verschiedene Möglichkeiten.**

(3) **Erkläre, warum hier die 10 nicht in der Mitte stehen kann.**

_____

_____

_____

_____

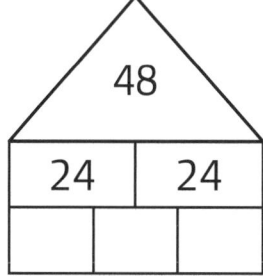
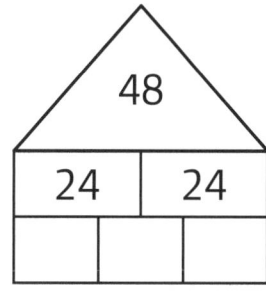
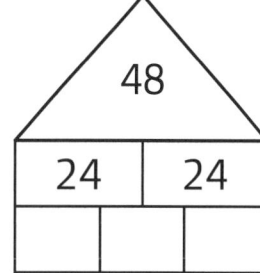

Bünker / Vollmer • Fachfremd unterrichten Mathematik 3/4 • Vignetten- u. Sachzeichnungen: Stefan Giertzsch

Name: _____ Datum: _____

KV 11 Knobel-Mal-Plus-Häuser

1 Welche Zahlen fehlen im Erdgeschoss und im 1. Stock?
Findet verschiedene Lösungen und notiert diese.

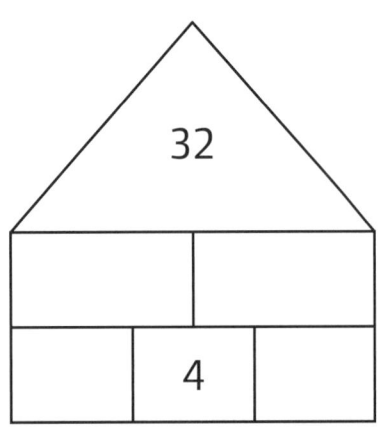 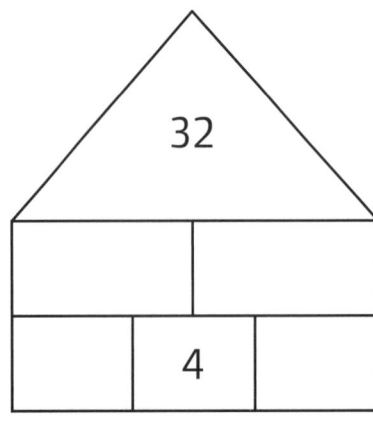 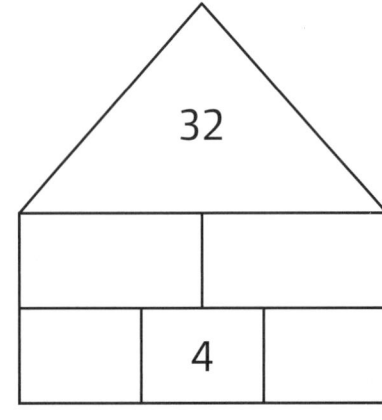

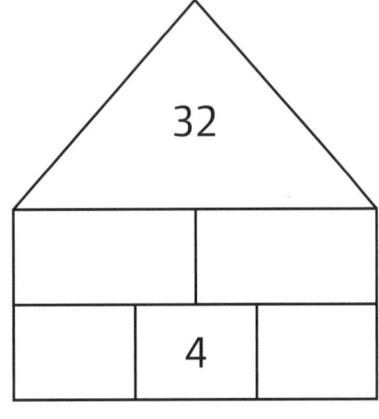 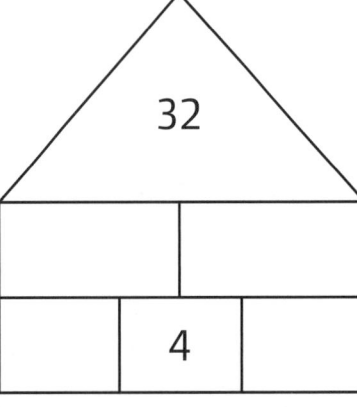 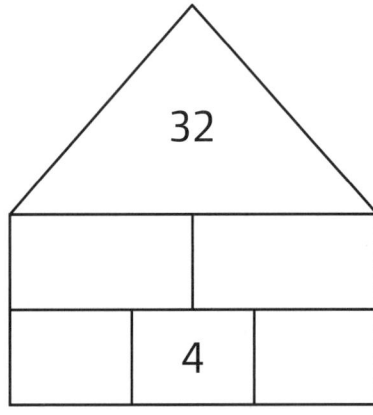

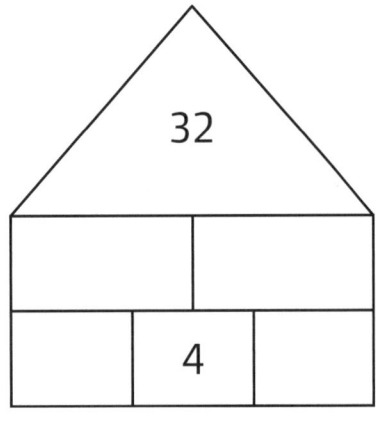 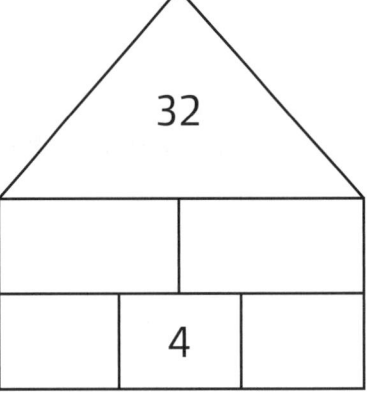 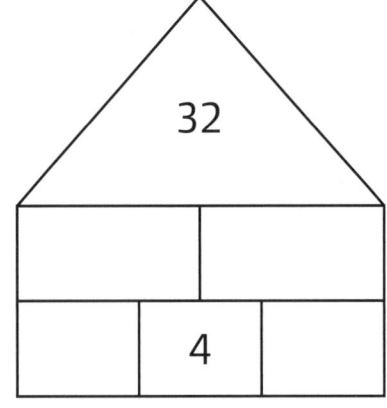

2 Habt ihr alle möglichen Lösungen gefunden?
Malt jeweils die linke Zahl im Erdgeschoss rot und die rechte Zahl im Erdgeschoss blau an.
Schneidet die Häuser aus und sortiert diese.

Was fällt euch auf?

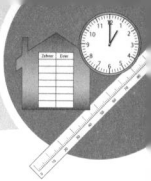

Bereich: Zahlen und Operationen

Wir erweitern unseren Zahlenraum: Mengenvorstellung.

Unterrichtsvorhaben für Anfang Klasse 3

Lernziele:
Die Schüler
- stellen Zahlen im Zahlenraum bis 1000 unter Anwendung der Struktur des Zehnersystems dar.
- wechseln zwischen verschiedenen Zahldarstellungen und erläutern Gemeinsamkeiten und Unterschiede.
- nutzen Strukturen in Zahldarstellungen zur Anzahlerfassung im Zahlenraum bis 1000.
- lösen erste Aufgaben im erweiterten Zahlenraum (Zerlegungsaufgaben, Rechnen mit Stufenzahlen).
- schulen die prozessbezogenen Kompetenzen „Problemlösen" (Zusammenhänge erkennen, nutzen und auf ähnliche Sachverhalte übertragen), „Darstellen" (Darstellungen miteinander vergleichen und bewerten) und „Kommunizieren" (nutzen mathematische Fachbegriffe wie Einer, Zehner, Hunderter, Tausender, Vorgänger, Nachfolger, Nachbarzehner, Nachbarhunderter sachgerecht; eigene Lösungswege für andere nachvollziehbar beschreiben).

In dieser Unterrichtseinheit steht die Entwicklung einer gesicherten Mengenvorstellung im Zahlenraum bis 1000 im Fokus. Dabei werden die Darstellungsebenen nach dem E-I-S Prinzip nach Bruner berücksichtigt: Auf der enaktiven Ebene handeln die Kinder aktiv mit Material (Mehr-System-Blöcke nach Dienes, Hunderterfelder, Zehnerstreifen, Einerplättchen), wechseln anschließend zur ikonischen Darstellung (in Form von Bildern) und verknüpfen dies mit der symbolischen Ebene (Ziffernschreibweise).

Sequenz 1:
Wir schätzen und zählen.

Materialvorbereitung: je Vierergruppe ein Schätzglas (unterschiedlicher Größe) mit der gleichen Anzahl an Erbsen

Zum Einstieg benennen die Schüler das Thema/Ziel und den Verlauf der Stunde.
In der Hinführungsphase werden den Kindern die Schätzgläser präsentiert. Gemeinsam werden die Anzahlen geschätzt und an der Tafel festgehalten, ohne den Kindern mitzuteilen, dass sie in den Gläsern identisch sind. Anschließend erhalten vier Kinder je ein Schätzglas mit der Aufgabe, die tatsächliche Anzahl zu ermitteln. Zu Beginn stimmen sich die Gruppenmitglieder über eine gemeinsame Vorgehensweise ab, die sie anschließend durchführen und präsentieren sollen.
In der abschließenden Reflexion erläutern die Gruppen ihr Vorgehen und ziehen Vergleiche zu Strategien anderer Gruppen. Danach werden die geschätzten, ermittelten und tatsächlichen Anzahlen miteinander verglichen. Gemeinsam wird nun überprüft, welches Vorgehen erfolgreich und sinnvoll war.

Sequenz 2:
Wir erkunden und rechnen mit Hunderterzahlen.

Materialvorbereitung: Hunderterplatten oder Hunderterfelder (von KV1), Spielgeld: Hundert-Euro-Scheine, Zahlenkarten mit Hunderterzahlen, Zahlwörter

Einstieg (s. Sequenz 1)
In der Hinführungsphase kommen alle Schüler in den Theaterkreis zusammen. Die Lehrkraft präsentiert als stillen Impuls das oben aufgeführte Material. Die Kinder beginnen Zusammenhänge herzustellen und Zuordnungen zu beschreiben. Anschließend werden die Zahlwörter und Zahlenkarten der Größe nach sortiert. Dabei ist es wichtig, den Aufbau der Hunderterzahlen visuell zu verdeutlichen, indem über Zahl und Zahlwort die Menge mithilfe von Hunderterfeldern als Säule präsentiert wird. Am Beispiel der Hunderterzahlen 300 und 400 wird der Aufbau der Hunderterzahlen verdeutlicht, z.B. dreihundert bestehen aus 3 Hundertern; die Zahlen werden immer um einen Hunderter größer. Anschließend werden erste Aufgaben mit Hunderterzahlen an die Tafel geschrieben und von den Schülern gelöst, wobei sie ihr Vorgehen versprachlichen. Bei Bedarf kann die Lehrkraft das Rechnen mithilfe von Analogien („Mit Hundertern rechnen wie mit Einern.") thematisieren.
Im Anschluss bearbeiten die Kinder die KV2 und können ggf. KV3 als Hausaufgabe erhalten.

Vor Sequenz 3 sollten die Schüler weitere Bündelungserfahrungen mit verschiedenen Materialien (z.B. Streichhölzer, Bohnen, Muggelsteine, Erbsen, Büroklammern) machen. Dazu ist es notwendig, mit den Kindern im Gespräch die aus dem zweiten

Schuljahr bekannte Stellenwerttafel um eine Hunderterspalte zu erweitern.

Sequenz 3:
Wir erkunden die Zahlen bis 1000.

Materialvorbereitung: Material zur Zahldarstellung (Hunderter, Zehner, Einer) aus Holz oder von KV1 zzgl. Einerplättchen für je zwei Schüler und als Demonstrationsmaterial für die Tafel, Folie und Folienstift, kleine Blanko-Zettel

Einstieg (s. Sequenz 1)
In der Hinführungsphase kommen die Kinder in den Theaterkreis. An der Tafel präsentiert die Lehrkraft mithilfe von Hunderterfeldern, Zehnerstreifen und Einerplättchen eine beliebige Zahl (z. B. 436). Die Kinder müssen die Anzahl interpretieren und diese:
• in eine Stellenwerttafel eintragen.
• als Zerlegungsaufgabe mit Stellenwerten notieren.
• als Zerlegungsaufgabe mit Zahlen notieren.
• als Zahl notieren.
(s. Bsp. KV4)
Anschließend bearbeiten die Schüler die KV4. Nach der Bearbeitung holen sich für die Partnerarbeit jeweils zwei Kinder Material und Blanko-Zettel. Abwechselnd schreiben, benennen und legen sie verschiedene Zahlen.
Als Abschluss wird am OHP die bisher bekannte Darstellung der Hunderterfelder in die Geheimschrift übertragen. Die KV5 dient als vertiefende Hausaufgabe.

Sequenz 4:
Wir lösen Zahlenrätsel.

Materialvorbereitung: Zahlenkarten von 0-9 für jedes Kind (Zusatz-KV), Blanko-Folie für den OHP

Einstieg (siehe Sequenz 1)
Zu Beginn aktivieren die Kinder ihr Vorwissen bei einer Rechen-Olympiade. Jedes Kind erhält dazu die passende KV (Blanko KV). Für die Umsetzung der Rechen-Olympiade zeichnet die Lehrkraft Zahlen in Form von Geheimschrift auf eine Folie und präsentiert diese am OHP (Blitzblick). Die Kinder notieren die Zahlen in die entsprechenden Felder. Nach zehn Zahlen tauschen Tischnachbarn ihre Arbeitsblätter und anschließend werden gemeinsam im Klassenverband die Ergebnisse gesammelt und verglichen. Auf der KV finden sich 5 Spalten, sodass an jedem Tag der Woche eine Übung stattfinden kann. In den nächsten Stunden bieten sich zum Beispiel Zahlen-

diktate, Ergänzungen, Nachbarzahlen oder einfache Aufgaben mit Stufenzahlen an.
In der Hinführungsphase kommen die Kinder in den Theaterkreis. Verdeckt stehen zwei Zahlenrätsel an der Tafel. Die Lehrkraft deckt diese nacheinander auf und die Schüler äußern sich spontan dazu. Zunächst werden Begrifflichkeiten erläutert und anschließend erste Lösungsstrategien probiert. Folgende Zahlenrätsel bieten sich zur Vorbereitung auf die Arbeitsphase an:

Zahlenrätsel 1 – Die Zahl hat 4 Zehner, doppelt so viele Hunderter und halb so viele Einer.
Hierbei ist es wichtig, die Begriffe doppelt und halb zu erklären. Es bietet sich an, drei Platzhalterstriche (H Z E) zu notieren und nach der ersten sicheren und sofort umsetzbaren Information zu suchen und diese einzusetzen (4Z). Von dort aus werden weitere Informationen rechnerisch verarbeitet und notiert.

Zahlenrätsel 2 – Du hast die Ziffernkarten 0, 2, 3, 7, 9. Bilde daraus jeweils die kleinste und größte dreistellige Zahl.
Hierbei ist es wichtig, den Begriff dreistellig zu erläutern. Dies hat zur Folge, dass die Ziffer 0 nicht an der Hunderterstelle eingetragen werden kann. Im Gespräch wird auf den Begriff Stellenwert eingegangen, der bei der Lösungsfindung und deren Begründung berücksichtigt werden muss. Als Regel wird festgelegt, dass jede Ziffern nur einmal genutzt werden darf.

In der Arbeitsphase bearbeiten die Schüler die KV6. Als Differenzierungsmöglichkeit können die Kinder auch eigene Zahlenrätsel erfinden.
Zum Abschluss werden die Lösungsstrategien und Ergebnisse der Rätsel besprochen und begründet.

Sequenz 5:
Wir legen Plättchen in eine Stellenwerttafel.

Materialvorbereitung: Wendeplättchen für die Tafel und die Kinderhand, Stellenwerttafel 1 (Zusatz-KV) als Klassensatz (ggf. laminieren)

Einstieg (siehe Sequenz 1)
Am Anfang der Stunde ist es wieder möglich mit den Kindern eine Runde Rechen-Olympiade durchzuführen.
In der Hinführungsphase kommen die Schüler in den Theaterkreis. An der Tafel befinden sich Wendeplättchen. Die Kinder benennen die Menge.

Anschließend zeichnet die Lehrkraft eine Stellenwerttafel neben die Plättchenmenge und verschiebt diese in die Spalten (H Z E). Die Lehrkraft erarbeitet im Gespräch, dass sich die Menge der Plättchen nicht verändert hat, wohl aber die dargestellte Zahl. Gerade waren es nur einzelne Plättchen, aber durch die Stellenwerttafel erhalten sie einen anderen Wert. Außerdem wird die passende Stellenwertaufgabe an der Tafel notiert. Es werden weitere Beispiele dieser Art gemeinsam gelegt und besprochen.

Im Anschluss bearbeiten die Kinder die KV7.

In der Reflexion werden die Aufgaben 3 und 4 gemeinsam an der Tafel besprochen. Hier bietet es sich an, die passende Stufenaufgabe zu notieren, um auf die nächste Stunde vorzubereiten.

Im Anschluss an diese Sequenz bietet es sich an, weiterführende kombinatorische Aufgabenstellungen mit Wendeplättchen zu bearbeiten. Mögliche Aufgabenstellungen wären:

- Lege zu der vorgegeben Zahl drei Plättchen dazu. Welche Zahlen können entstehen? Finde alle Möglichkeiten.
- Nimm von der vorgegeben Zahl zwei Plättchen weg. Welche Zahlen können entstehen? Finde alle Möglichkeiten.
- Lege die vorgegebene Zahl in die Stellenwerttafel. Verschiebe ein Plättchen. Welche Zahlen können entstehen? Finde alle Möglichkeiten.
- Du hast fünf Plättchen. Welche Zahlen können entstehen? Finde alle Möglichkeiten.

Mithilfe der Plättchen ist es auch möglich, den Begriff der Quersumme einzuführen und diese für Zahlen berechnen zu lassen.

Sequenz 6:
Wir rechnen einfache Aufgaben.

Materialvorbereitung: Wendeplättchen für die Tafel

Einstieg (s. Sequenz 1)
Am Anfang der Stunde ist es wieder möglich, mit den Kindern eine Runde Rechen-Olympiade durchzuführen.

In der Hinführungsphase kommen die Kinder in den Theaterkreis. An der Tafel sehen sie eine Stellenwerttafel mit zweifarbigen Wendeplättchen, welche die Aufgabe 2 + 5 darstellt. Dabei befinden sich zwei rote und fünf blaue Wendeplättchen in der Einerspalte. Die Schüler benennen daraufhin die passende „Eineraufgabe" und legen ggf. diese mit dem Dienes-Material. Die Lehrkraft notiert die Aufgabe mit Platzhalterstellen an der Hunderter- und Zeh-

nerstelle an der Tafel. Anschließend verschiebt sie die Plättchen in die Zehnerspalte und lässt die Schüler die passende „Zehneraufgabe" benennen und ggf. legen. Auch diese Additionsaufgabe wird notiert (Platzhalter Hunderterstelle). Zum Schluss verschieben die Kinder die Plättchen in die Hunderterspalte, benennen die passende „Hunderteraufgabe" und legen diese ggf. Auch hierzu wird die Aufgabe an der Tafel notiert, um die Analogie zu verdeutlichen. Ein entsprechendes Beispiel kann auch für eine Subtraktionsaufgabe an der Tafel durchgeführt werden. Durch weitere Aufgaben, bei denen entweder Hunderter, Zehner oder Einer (ohne Überschreitung) addiert bzw. subtrahiert werden, sollen die Kinder angeleitet werden, ihren Aufgabenblick zu schärfen und sowohl auf das Rechenzeichen als auch auf die Rechenwerte zu achten. Kinder, die noch kein gesichertes Mengenverständnis haben, sollten zur Bearbeitung der Aufgaben immer Material zur Verfügung stehen.

In der Arbeitsphase bearbeiten die Kinder die KV8.

Sequenz 7:
Wir orientieren uns am Zahlenstrahl.

Materialvorbereitung: Zahlenstrahl zum Zusammenkleben als Klassensatz (Zusatz-KV) und als Folie am OHP, KV9 als Folie

Einstieg (s. Sequenz 1)
Am Anfang der Stunde ist es wieder möglich, mit den Kindern eine Runde Rechen-Olympiade durchzuführen.

Anschließend basteln die Kinder einen eigenen Zahlenstrahl (Zusatz-KV).

In der Hinführungsphase haben alle Schüler ihren Zahlenstrahl vor sich auf dem Tisch liegen. Die Lehrkraft benennt Zahlen und die Schüler müssen diese auf dem Zahlenstrahl finden. Dabei erläutern die Kinder ihre Vorgehensweise. Gemeinsam werden für jede Zahl die Nachbarzehner und -hunderter bestimmt und geortet. Diese Übung kann mit einer Partnerarbeit vertieft und erweitert werden, indem die Schüler zudem benennen, welcher Nachbarzehner und -hunderter näher liegt.

Im Anschluss an diese Partnerarbeit teilt die Lehrkraft die KV9 aus und präsentiert gleichzeitig diese als Folie auf dem OHP. Dabei wird zunächst der Zahlenstrahl von Aufgabe 1 betrachtet und Unterschiede zum gebastelten Zahlenstrahl hergestellt. Hierbei liegt eine andere Einteilung zugrunde, weshalb der Zahlenstrahl kürzer ist und nicht alle Zahlen abbildet. Der Zahlenstrahl der Kinder ist in

Einerschritten aufgebaut, während der Zahlenstrahl auf der KV9 in Zehnerschritten dargestellt ist. Gemeinsam werden beim Zahlenstrahl von Aufgabe 1 Zahlen nach Anweisung der Lehrkraft eingetragen. Die Kinder können ihre Eintragungen mit denen der Lehrkraft am OHP vergleichen.

Anschließend bearbeiten die Schüler den Rest der Aufgaben von KV9.

Zum Abschluss spielt die ganze Klasse das Spiel Mister X. Zum Einstieg fängt die Lehrkraft an und überlegt sich eine Zahl. Die Kinder müssen durch Erfragen diese Zahl an ihrem Zahlenstrahl finden. Dabei gibt die Lehrkraft Tipps, wie zum Beispiel:

- „Meine Zahl ist kleiner."
- „Meine Zahl ist größer."
- „Meine Zahl liegt zwischen … und …"
- „Der nächstgelegene Hunderter/Zehner ist …"
- „Mein Nachbarzehner/-hunderter ist …"

Anschließend kann auch ein Schüler die Aufgabe der Lehrkraft übernehmen.

Sequenz 8:
Wir springen zu den Nachbarzahlen.

Materialvorbereitung: Zahlenstrahl der Kinder, vergrößerte Ausschnitte des Zahlenstrahls von der Zusatz-KV

Einstieg (s. Sequenz 1)
Das Vorwissen zum Zahlenstrahl wird aktiviert, indem die Kinder Zahlen am Zahlenstrahl finden und ihre Vorgehensweise erläutern. Im Anschluss werden für alle Zahlen jeweils die Nachbarzahlen (Vorgänger, Nachfolger, Nachbarzehner, Nachbarhunderter) bestimmt.

Zur Hinführung kommen die Kinder in den Theaterkreis zusammen. Die Lehrkraft präsentiert einen vergrößerten Zahlenstrahl-Ausschnitt, an dem Sie drei Zahlen mit Hilfe von Platzhalterkästchen markiert. Direkt darunter zeichnet die Lehrkraft eine Tabelle mit den Angaben Zahl, Vorgänger (V) und Nachfolger (N). Gemeinsam werden die Platzhalterkästchen und die Tabelle an der Tafel ausgefüllt, wobei die Kinder selber durch genaues Hinschauen herausfinden sollen, welche Nachbarzahlen bestimmt werden sollen. Analog dazu werden Tabellen mit den Nachbarzehnern und -hundertern bearbeitet. Bei diesen Aufgabenstellungen sollte zusätzlich der näherliegende Nachbarzehner/-hunderter eingekreist werden.

In der Arbeitsphase bearbeiten die Schüler die KV10. In der Reflexion werden die Aufgaben zu den Sprüngen von KV10 im Plenum besprochen. KV11 kann als Hausaufgabe genutzt werden.

Sequenz 9:
Wir ordnen und vergleichen Zahlen.

Materialvorbereitung: kleine Zettel (ca. DIN A6), dicker Filzstift, Größer-, Kleiner- und Gleichheitszeichen, Würfel in halber Klassenstärke, KV12 in halber Klassenstärke, ca. 25 kleine Zettel pro Schüler

Einstieg (s. Sequenz 1)
Zur Einstimmung führen die Kinder in Partnerarbeit das Spiel „Hohe/Niedrige Hausnummer" (KV12) durch. Dabei würfeln die Kinder nacheinander und tragen die Ziffern in die Tabelle ein. Sobald jedes Kind eine dreistellige Zahl gebildet hat, werden diese verglichen. Das Kind mit der höheren (bzw. niedrigeren) Hausnummer bekommt einen Punkt.

In der Hinführungsphase kommen die Schüler im Theaterkreis zusammen. Die Lehrkraft fordert die Kinder auf, fünf verschiedene Zahlen im Zahlenraum bis 1000 an die Tafel zu schreiben. Anschließend werden diese Zahlen der Größe nach sortiert. Dabei werden Hinweise gesammelt, die man beim Vergleichen von Zahlen anwendet. Hierbei wird erneut über die Bedeutung der Stellenwerte gesprochen, welche die Grundlage über die Reihenfolge der Zahlbetrachtung beim Zahlenvergleich darstellen. So genügt ein Blick auf die Hunderterstelle, sofern diese Ziffern unterschiedlich sind. Bei Zifferngleichheit werden die darauffolgenden Stellenwerte näher betrachtet. Außerdem gibt das Größer- bzw. Kleinerzeichen beim Notieren an, ob mit der größten bzw. kleinsten Zahl begonnen wird.

Anschließend bearbeiten die Schüler die KV13.

Am Ende der Stunde können die Schüler in Partnerarbeit das Spiel „Die große Zahl gewinnt" spielen. Die Spielanleitung lautet: „Jeder schreibt 25 verschiedene Zahlen auf Karten und mischt den Kartensatz. Deckt die zwei obersten Karten auf. Das Kind mit der größeren Zahl gewinnt beide Karten. Das Kind mit den meisten Karten gewinnt."

KV 1 Material zur Zahldarstellung

Bünker / Vollmer • Fachfremd unterrichten Mathematik 3/4 • Vignetten- u. Sachzeichnungen: Stefan Giertzsch

KV 2 Hunderterzahlen bis 1000

1000	tausend
	neunhundert
	achthundert
	siebenhundert
600	sechshundert
500	fünfhundert
	vierhundert
	dreihundert
	zweihundert
100	einhundert

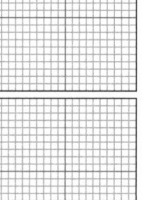
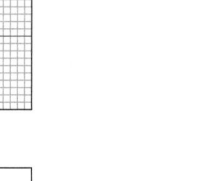
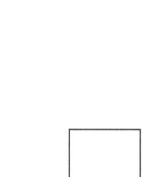
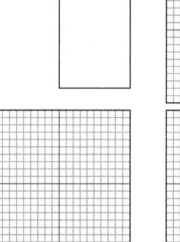
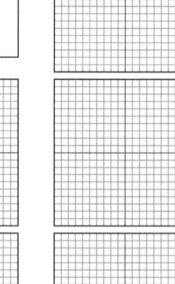
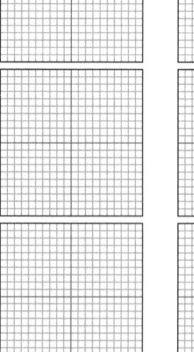
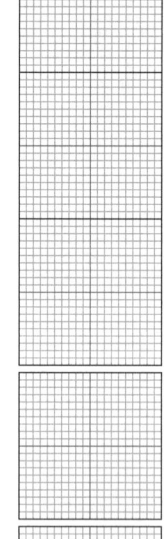
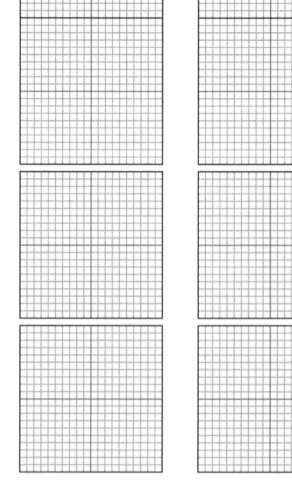
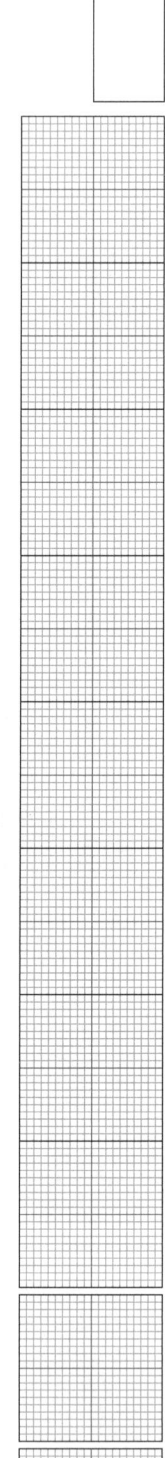

Bünker / Vollmer • Fachfremd unterrichten Mathematik 3/4 • Vignetten- u. Sachzeichnungen: Stefan Giertzsch

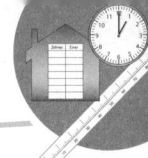

Name: _____   Datum: _____

KV 3 Rechnen mit Hunderterzahlen

1   **Addiere die Hunderterzahlen.**

100 + 200 = ☐   800 + 100 = ☐   300 + 500 = ☐

200 + 300 = ☐   400 + 400 = ☐   700 + 100 = ☐

500 + 200 = ☐   600 + 300 = ☐   900 + 100 = ☐

2   **Subtrahiere die Hunderterzahlen.**

700 – 200 = ☐   800 – 400 = ☐   900 – 300 = ☐

500 – 300 = ☐   1000 – 600 = ☐   700 – 700 = ☐

400 – 200 = ☐   600 – 500 = ☐   300 – 200 = ☐

3   **Notiere die Hunderteraufgabe und rechne aus.**

5 + 3 = ☐   2 + 7 = ☐   6 + 4 = ☐

☐ + ☐ = ☐   ☐ + ☐ = ☐   ☐ + ☐ = ☐

9 – 4 = ☐   8 – 2 = ☐   7 – 3 = ☐

☐ – ☐ = ☐   ☐ – ☐ = ☐   ☐ – ☐ = ☐

4   **Finde passende Additionsaufgaben.**

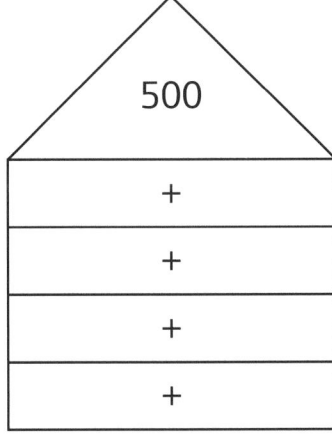

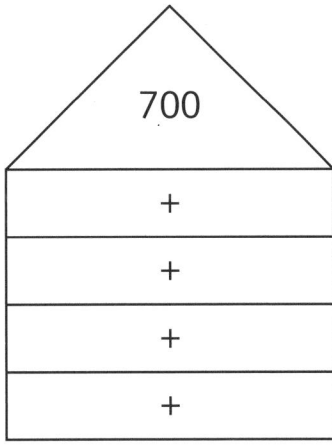

500	700	1000
+	+	+
+	+	+
+	+	+
+	+	+

KV 4 Zahlen bis 1000

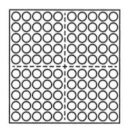 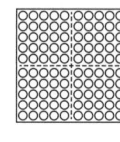 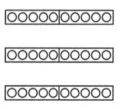

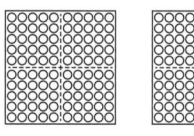

H	Z	E
4	3	6

4H + 3Z + 6E _____

400 +30 +6 = 436

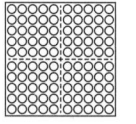 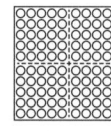 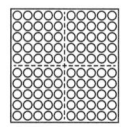

H	Z	E

_____

_____

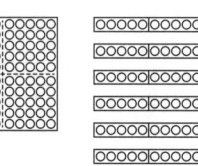

H	Z	E

_____

_____

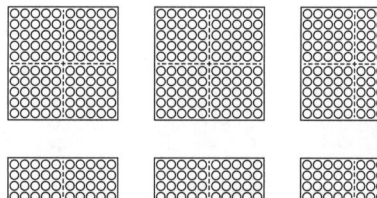

H	Z	E

_____

_____

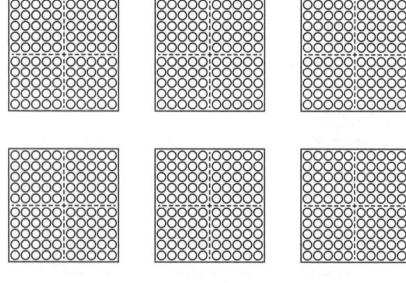

H	Z	E

_____

Bünker / Vollmer • Fachfremd unterrichten Mathematik 3/4 • Vignetten- u. Sachzeichnungen: Stefan Giertzsch

KV 5 Zahlen zerlegen und zusammensetzen

1

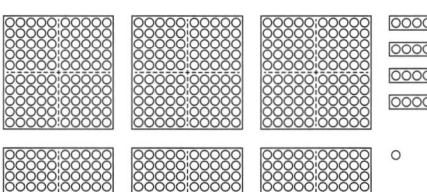

H	Z	E

_____

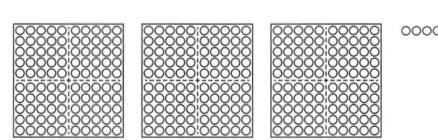

H	Z	E

_____

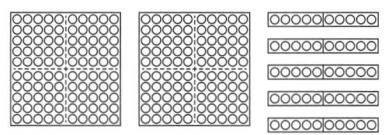

H	Z	E

_____

2

	H	Z	E
7H + 3Z + 5E			
1H + 8Z + 4E			
9H + 1Z + 3E			
4H + 5Z + 1E			

	H	Z	E
3E + 8H + 1Z			
4Z + 9E + 3H			
6E + 7H			
5Z + 1E			

3 **Löse die Zerlegungsaufgabe.**

100 + 20 + 8 = 128   600 + 40 + 1 = _____   400 + 10 + 9 = _____
200 + 50 + 6 = _____   800 + 90 + 3 = _____   700 + 70 + 7 = _____
300 + 70 + 4 = _____   900 + 60 + 5 = _____   500 + 30 + 2 = _____

4 **Zerlege nun die Zahl.**

823 = _____   417 = _____
609 = _____   198 = _____

5 **Ergänze.**

726 = 700 + _____ + 6   357 = _____ + 50 + 7
981 = 900 + _____ + _____   573 = _____ + 70 + _____

Name: _____   Datum: _____

KV 6 Zahlenrätsel

1 Die Zahl hat 7 Einer und 4 Hunderter. Sie hat keine Zehner.

_____

2 Die Zahl hat 6 Zehner, halb so viele Hunderter und 1 Einer

_____

3 Die Zahl besteht aus 2 Hundertern, doppelt so vielen Zehnern und wieder doppelt so vielen Einern.

_____

4 Die Zahl hat 3 Einer und doppelt so viele Zehner. Sie ist größer als 400 und kleiner als 500.

_____

5 Die Zahl hat gleich viele Hunderter, Zehner und Einer. Finde alle Möglichkeiten.

_____

_____

6 Die Zahl hat gleich viele Hunderter und Zehner und einen Einer mehr. Finde alle Möglichkeiten.

_____

_____

7 Finde alle möglichen dreistelligen Zahlen mit den Ziffernkarten 4 7 8

_____

_____

8 Nimm die Ziffernkarten von 0 bis 9. Bilde die größte und die kleinste dreistellige Zahl.

_____

_____

9 **Überlege dir ein eigenes Zahlenrätsel.**

_____

_____

Bünker / Vollmer • Fachfremd unterrichten Mathematik 3/4 • Vignetten- u. Sachzeichnungen: Stefan Giertzsch

KV 7 Zahlen mit Plättchen legen

1

H	Z	E
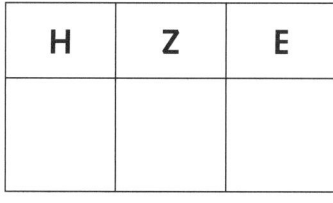		

$4H + 1Z + 6E = 416$

H	Z	E

_____

H	Z	E

_____

H	Z	E

_____

2

H	Z	E

927

H	Z	E

108

H	Z	E

652

3 **Lege die Zahl.**
Lege ein Plättchen dazu.
Welche Zahlen können entstehen?
Finde alle Möglichkeiten.

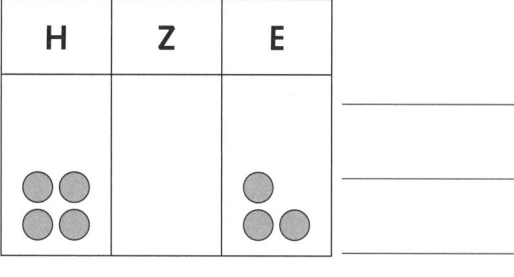

403

4 **Lege die Zahl.**
Nimm ein Plättchen weg.
Welche Zahlen können entstehen?
Finde alle Möglichkeiten.

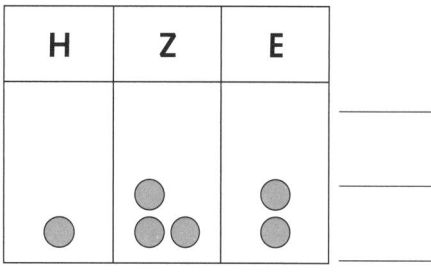

132

KV 8 Einfache Aufgaben bis 1000

1 **Lege mit Material und rechne.**

6 + 1 =	4 + 2 =
60 + 10 =	40 + 20 =
600 + 100 =	400 + 200 =

3 + 6 =	5 + 3 =
_ + _ =	_ + _ =
_ + _ =	_ + _ =

7 − 5 =	5 − 3 =
70 − 50 =	50 − 30 =
700 − 500 =	500 − 300 =

9 − 4 =	6 − 2 =
_ − _ =	_ − _ =
_ − _ =	_ − _ =

2

3 + 2 =	8 − 4 =
30 + 20 =	80 − 40 =
300 + 200 =	800 − 400 =
310 + 200 =	840 − 400 =
310 + 206 =	840 − 410 =

3

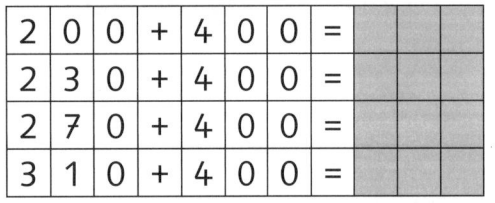

200 + 400 =	800 − 200 =
230 + 400 =	830 − 200 =
270 + 400 =	890 − 200 =
310 + 400 =	670 − 200 =

460 + 300 =	910 − 5 =
620 + 70 =	315 + 100 =
740 − 200 =	280 − 30 =
590 − 90 =	823 + 6 =

Bünker / Vollmer • Fachfremd unterrichten Mathematik 3/4 • Vignetten- u. Sachzeichnungen: Stefan Giertzsch

KV 9 Zahlen am Zahlenstrahl

①

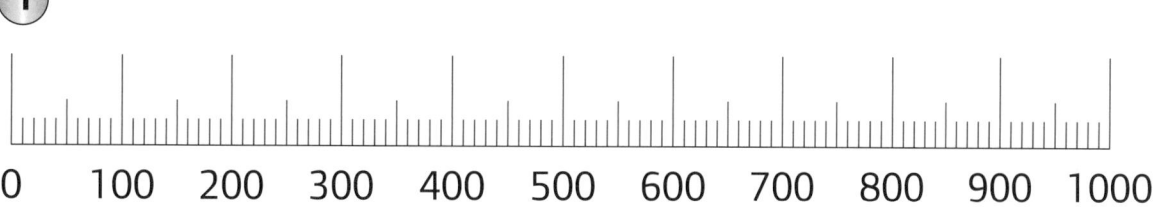

② **Welche Zahlen sind es?**

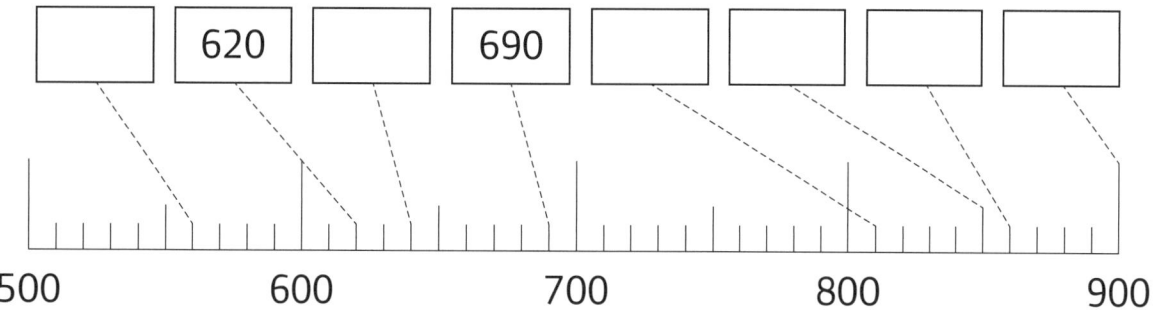

③ **Welche Zahlen sind es?**

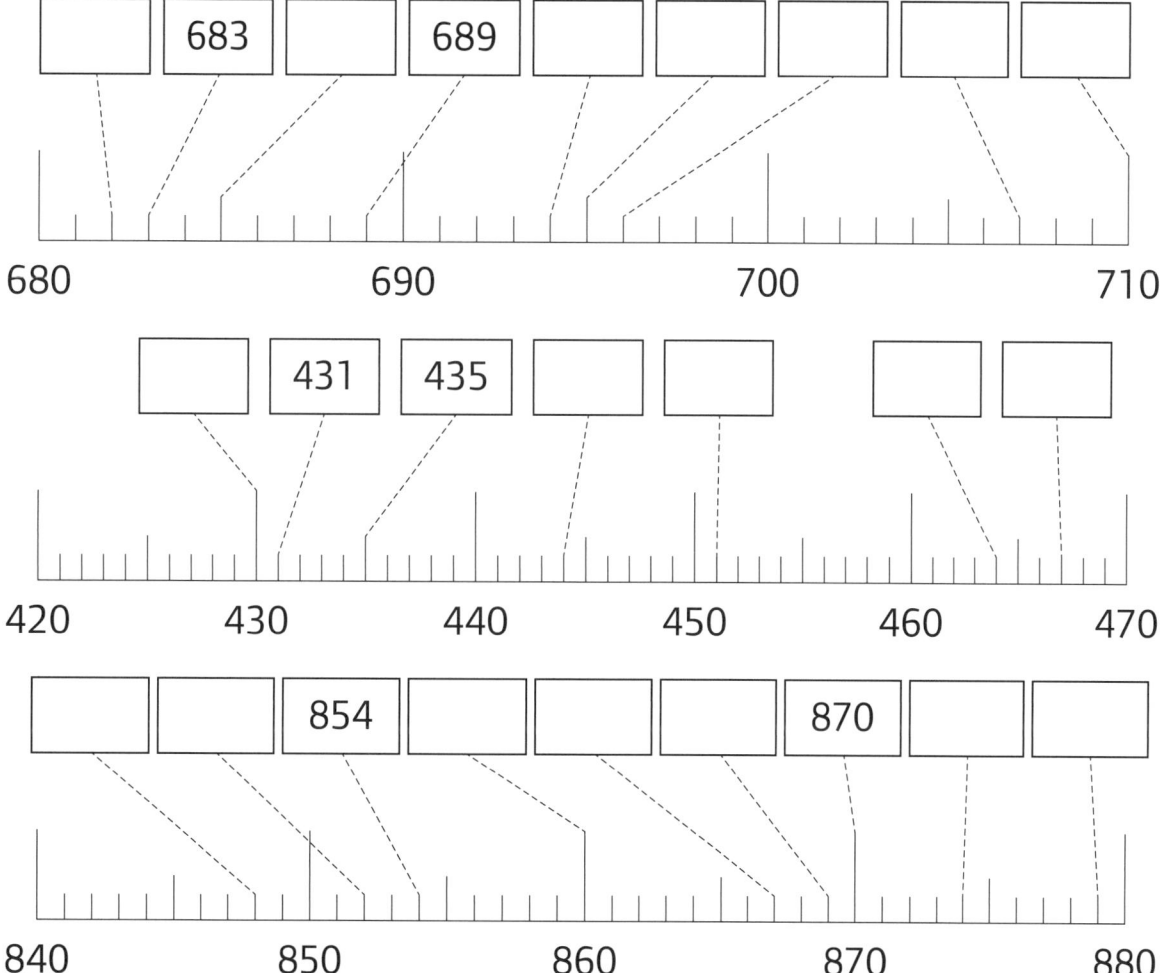

KV 10 Nachbarzahlen

Tipp: Zur Bearbeitung der Aufgaben kannst du deinen Zahlenstrahl nutzen.

1 **Bestimme die Nachbarzahlen: Vorgänger und Nachfolger.**

V	Zahl	N
	514	
	765	
	208	
	381	
	649	

V	Zahl	N
	401	
	899	
154		
		680
299		

2 **Bestimme die Nachbarzehner.**
Welcher Nachbarzehner liegt näher? Kreise ihn ein.

NZ	Zahl	NZ
	511	
	746	
	628	
	134	
	419	

NZ	Zahl	NZ
	289	
	901	
	337	
	430	
	155	

3 **Bestimme die Nachbarhunderter.**
Welcher Nachbarhunderter liegt näher? Kreise ihn ein.

NH	Zahl	NH
	208	
	437	
	876	
	615	
	561	

NH	Zahl	NH
	632	
	851	
	125	
	398	
	945	

Bünker / Vollmer • Fachfremd unterrichten Mathematik 3/4 • Vignettenzeichnungen: Stefan Giertzsch

KV 11 Sprünge zu den Nachbarzahlen

1 **Sprünge zu den Nachbarzehnern.**

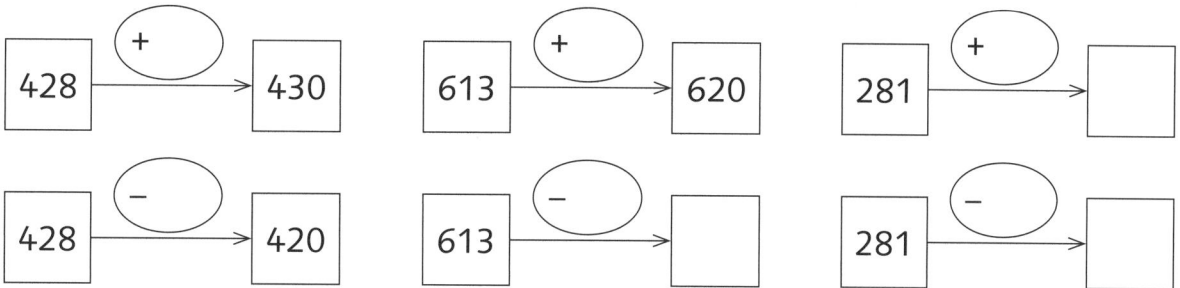

2 **Sprünge zu den Nachbarhundertern.**

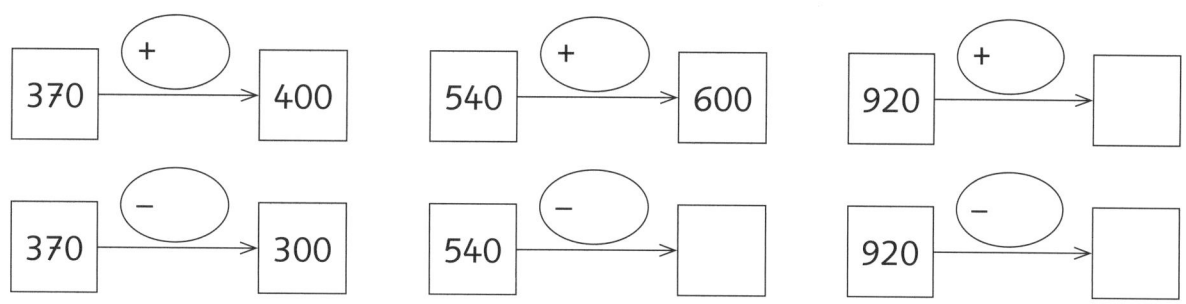

3 **In zwei Sprüngen zu den Nachbarhundertern.**

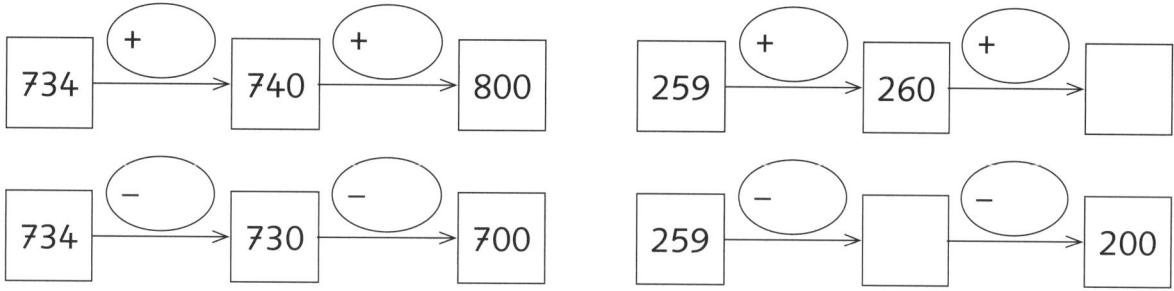

4 **In drei Sprüngen zum Tausender.**

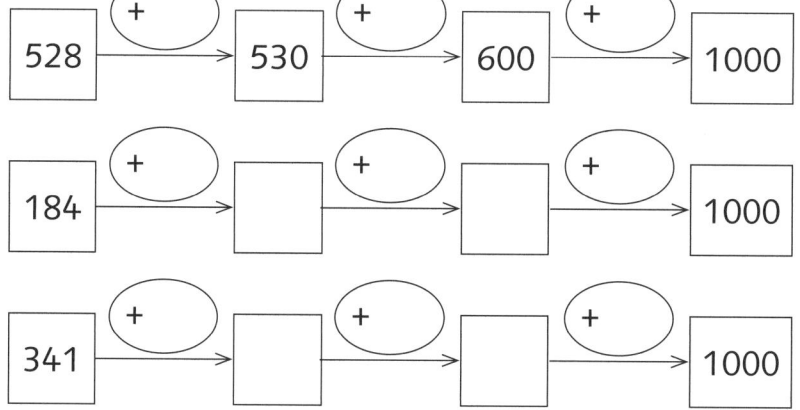

KV 12 Hohe Hausnummern – Niedrige Hausnummern

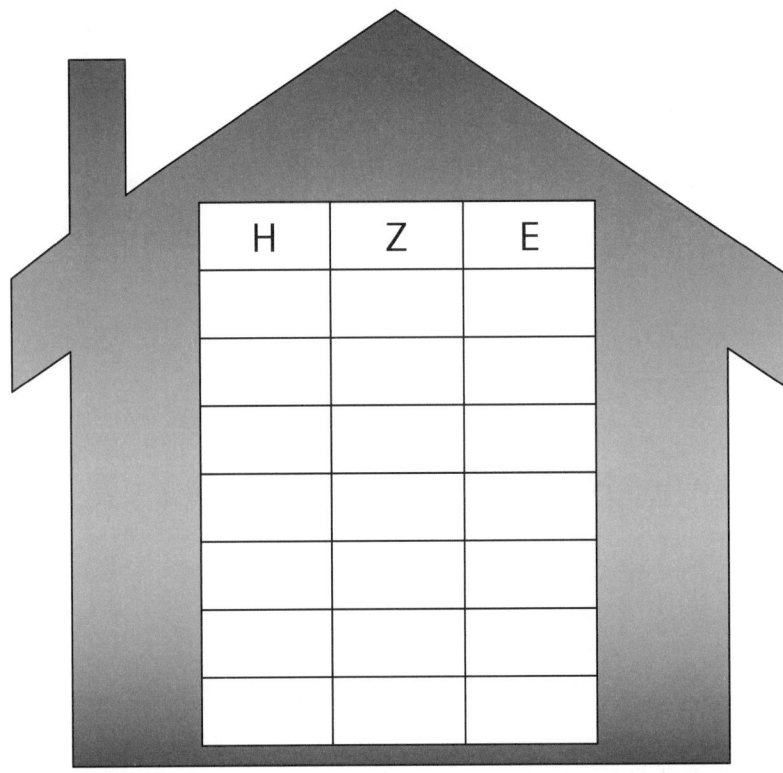

H	Z	E

Hier spielen:

Unsere Punkte:

H	Z	E

Bünker / Vollmer • Fachfremd unterrichten Mathematik 3/4 • Vignetten- u. Sachzeichnungen: Stefan Giertzsch

KV 13 Zahlen vergleichen und ordnen

1 Kleiner, größer oder gleich? Setze ein: (<) (>) (=)

205 ◯ 305	398 ◯ 401	599 ◯ 602
349 ◯ 430	517 ◯ 751	412 ◯ 412
721 ◯ 699	262 ◯ 626	325 ◯ 326
545 ◯ 554	554 ◯ 455	929 ◯ 922

2 Ordne die Zahlen. Beachte das Größer- und Kleinerzeichen.

| 235 | 267 | 289 | 274 | 246 | 250 | 223 | 291 | 208 |

___ < ___ < ___ < ___ < ___ < ___ < ___ < ___

| 605 | 381 | 13 | 504 | 654 | 345 | 218 | 560 | 819 |

___ > ___ > ___ > ___ > ___ > ___ > ___ > ___

| 367 | 763 | 673 | 370 | 637 | 736 | 670 | 307 | 717 |

___ < ___ < ___ < ___ < ___ < ___ < ___ < ___

3 Setze ein: (<) (>) (=)

6H 7Z 2E ◯ 671	5H 24Z ◯ 524
2H 6Z 9E ◯ 296	4Z 2E 9H ◯ 294
5H 3Z 0E ◯ 530	6E 2H 6Z ◯ 626
7H 6E ◯ 760	1H 1Z 12E ◯ 122

Bereich: Zahlen und Operationen

Wir addieren im Zahlenraum bis 1000.

Unterrichtsvorhaben für die Klasse 3

Lernziele:

Die Schüler

- nutzen ihr Verständnis über das dezimale Stellenwertsystem für die Lösung von Additionsaufgaben (und Subtraktionsaufgaben).
- lösen Additionsaufgaben (und Subtraktionsaufgaben) unter Anwenden einer sinnvollen Strategie.
- nutzen Rechengesetze, Zahlzerlegungen und Rechenstrategien für flexibles Rechnen.
- erläutern das Verfahren der schriftlichen Addition (und Subtraktion), indem sie die einzelnen Rechenschritte beschreiben und selbstständig ausführen können.
- schulen die prozessbezogenen Kompetenzen „Problemlösen" (Rechenstrategien entwickeln, nachvollziehen und nutzen; vorteilhafte Rechenwege beschreiben und nutzen) und „Darstellen/Kommunizieren" (Darstellungen zur Veranschaulichung von Rechenwegen nutzen; eigene Lösungswege beschreiben; Lösungswege anderer verstehen und reflektieren).

Als Voraussetzung zur Durchführung sollten sich die Kinder sicher im Zahlenraum bis 1000 orientieren können und Anschauungsmaterialien zur Zahl- und ggf. Operationsdarstellung (z. B. Rechenstrich, Geheimschrift) sachgerecht nutzen.

Im Rahmen dieser Unterrichtseinheit wird eine Verknüpfung des halbschriftlichen und schriftlichen Addierens vorgenommen. Ziel ist es, dass die Kinder beim Ziffernrechnen (Algorithmus der schriftlichen Addition) den zugrundeliegenden halbschriftlichen Rechenweg erkennen und somit ein Rechnen mit Mengen vornehmen.

Zu Beginn ist es möglich, eine Standortbestimmung durchzuführen, um die individuellen Lernstände der einzelnen Schüler im Hinblick auf das Vorhaben zu ermitteln.

Die Aufgaben der Standortbestimmung sind so gewählt, dass verschiedene Rechenwege genutzt werden können. Dabei wird zunächst eine Aufgabe aus dem Zahlenraum bis 100 angeboten, um den Fokus auf den Lösungsweg und seine Verschriftlichung zu legen. Anschließend sollen die Schüler eine analoge Aufgabe aus dem Zahlenraum bis 1000 lösen. Dabei wird deutlich, ob die Kinder in der Lage sind, Analogien zu erkennen und Rechenstrategien entsprechend zu nutzen. Außerdem gibt es eine Spalte zur Selbsteinschätzung, in der die Kinder mit Hilfe von Piktogrammen den eigenen Lösungsprozess einschätzen und rückmelden können.

Die Standortbestimmung (KV1) dient sowohl als Eingangs-, als auch als Abschluss-Standortbestimmung. Dadurch können Lernfortschritte auf der produkt- und prozessorientierten Kompetenzebene verdeutlicht werden.

Die hier vorliegende Standortbestimmung zielt auf die halbschriftlichen Rechenstrategien ab und kann vor dem Übergang zur schriftlichen Addition erneut durchgeführt werden.

Sequenz 1:
Das weiß/kann ich schon.

Zum Einstieg benennen die Schüler das Thema/Ziel und den Verlauf der Stunde.

In der Hinführungsphase kommen die Schüler in den Theaterkreis und betrachten die Aufgabe 27 + 35. Spontan äußern sie Ideen, wie man diese Aufgabe lösen könnte. Daraufhin notiert die Lehrkraft die verschiedenen Rechenwege und nutzt dazu Forschermittel. Die an der Tafel festgehaltenen Forschermittel werden ggf. für die folgenden Stunden auf einem Plakat gesammelt:

Mein Rechenweg...
- ... mit Zahlen (Aufgabenschritte verschriftlichen),
- ... mit Worten/Sätzen,
- ... mit echtem Material (z. B. Holzmaterial, Rechengeld),
- ... mit Bildmaterial (z. B. Geheimschrift),
- ... durch Markieren (z. B. mit Pfeilen, bunten Stiften),
- ... am Rechenstrich.

Die Lehrkraft erklärt im Anschluss, dass die Kinder bei der nachfolgenden Standortbestimmung (KV1) die gesammelten Forschermittel nutzen dürfen, um ihre Rechenwege zu verdeutlichen. Die Standortbestimmung wird gemeinsam betrachtet und auf Grundanforderungen und erweiterte Anforderungen (Sternchen) eingegangen.

Am Ende der Stunde gibt die Lehrkraft einen Ausblick auf die Folgestunden, in denen es darum geht, verschiedene Rechenwege kennenzulernen, auszuprobieren und zu bewerten.

Sequenz 2:

Wir entwickeln verschiedene Rechenwege.

Einstieg (s. Sequenz 1)

Zu Beginn aktivieren die Kinder ihr Vorwissen im Bereich Forschermittel.

Die Lehrkraft erläutert den genauen Ablauf der Arbeitsphase. Zunächst erhält jedes Kind ein Arbeitsblatt (KV2). Darauf befinden sich verschiedene Aufgaben, die durch die Kinder gelöst werden. Dabei sollen sie gezielt Rechenwege auswählen und diese mithilfe von Forschermitteln verschriftlichen. Anschließend tauschen sich jeweils drei Kinder im Rahmen einer Mathekonferenz (Zusatz-KV) über ihre gefundenen Wege aus.

Im Anschluss an die Arbeitsphase kommen die Kinder in den Theaterkreis und präsentiere ihre Ergebnisse aus der Mathekonferenz. Gemeinsam werden Namen für die verschiedenen Rechenwege ausgewählt und diese auf einem Lernplakat festgehalten. Folgende Strategien zur halbschriftlichen Addition könnten thematisiert werden:

- Schrittweise
  Der erste Summand bleibt erhalten, der zweite Summand nach Stellenwerten schrittweise addiert.
- Stellenweise
  Beide Summanden werden in Stellenwerte zerlegt und diese jeweils addiert. Anschließend wird eine Gesamtsumme gebildet.
- Hilfsaufgabe
  Ein Summand wird zum naheliegenden vollen Zehner/Hunderter ergänzt. Anschließend erfolgt eine Rücknahme dieser Ergänzung durch Subtrahieren.
- Vereinfachen
  Durch gegensinniges Verändern/Verschieben der beiden Summanden wird eine Vereinfachung erzielt.

Die Lehrkraft teilt den Schülern mit, dass sie in den nächsten Stunden die verschiedenen Rechenwege mit Aufgaben im Zahlenraum bis 1000 trainieren werden. Dabei werden sie ihren Zahlen- und Aufgabenblick schärfen, um gezielt Rechenstrategien auszuwählen.

Sequenz 3:

Wir trainieren verschiedene Rechenwege und schärfen unseren Zahlen- und Aufgabenblick.

Diese Sequenz umfasst mehrere Stunden. In jeder Stunde wird eine der oben genannten Strategien zur Lösung von Aufgaben angewendet. Anschließend wird jeweils reflektiert, für welche Aufgaben sich die jeweilige Strategie besonders eignet.

Die KV3 ist für jede Stunde anzupassen durch das Eintragen des jeweiligen Strategienamens und geeigneten Additionsaufgaben.

Geeignete Aufgaben können sein:

- Schrittweise/Stellenweise
  $418 + 331$, $546 + 257$, $713 + 159$, $664 + 278$
- Hilfsaufgabe
  $538 + 397$, $746 + 198$, $252 + 599$, $467 + 299$
- Vereinfachen
  $251 + 249$, $627 + 198$, $485 + 315$, $198 + 542$

Sequenz 4:

Wir wählen Rechenwege clever aus.

Einstieg (s. Sequenz 1)

In der Hinführungsphase fasst die Lehrkraft die erreichten Ziele der letzten Stunden zusammen und erklärt, dass es in der heutigen Stunde um den Zahlen- und Aufgabenblick geht. Die Schüler sollen die Aufgaben der KV4 genau unter die Lupe nehmen und einen Rechenweg clever auswählen. Anschließend müssen sie ihre Auswahl im Rahmen einer Mathekonferenz begründet vorstellen.

In der Reflexionsphase stellen alle Teams ihre Ergebnisse vor, visualisieren diese ggf. mit Forschermitteln und sprechen im Plenum darüber.

Im Anschluss an diese Stunde ist es möglich, eine Abschluss-Standortbestimmung zum halbschriftlichen Addieren durchzuführen. Dabei sollte ein Lernzuwachs im Hinblick auf die sichere und geeignete Auswahl verschiedener Rechenwege deutlich werden. Im Hinblick auf die Verknüpfung zur schriftlichen Addition ist es von großer Bedeutung, dass alle Kinder den Rechenweg „Stellenweise" verstanden haben und beherrschen. Dies stellt eine Lernvoraussetzung für die nachfolgenden Sequenzen dar.

Sequenz 5:
Wir addieren halbschriftlich und schriftlich.

Materialvorbereitung: Material zur Zahldarstellung (Hunderter, Zehner, Einer) aus Holz

Einstieg (s. Sequenz 1)
In der Hinführungsphase kommen die Schüler in den Theaterkreis. Die Lehrkraft präsentiert eine Aufgabe, die auf verschiedenen Ebenen gelöst werden soll:
- handelnd mit Material,
- bildlich mit Hilfe der Geheimschrift,
- halbschriftlich mit der Strategie „Stellenwerte extra" (beginnend mit der Einerstelle),
- schriftlich (durch die Lehrkraft).

Im Anschluss daran äußern sich die Kinder spontan zu den verschiedenen Vorgehensweisen und stellen Gemeinsamkeiten heraus. Das bis dahin unbekannte Verfahren wird den Kindern als Rechenverfahren der schriftlichen Addition vorgestellt. Anhand einer weiteren Aufgabe werden die stellengerechte Notation sowie die Sprechweise thematisiert. Anschließend bearbeiten die Schüler die KV5.
Für die Reflexionsphase lässt die Lehrkraft zwei Aufgaben der schriftlichen Addition an der Tafel berechnen, die möglicherweise Stolperstellen im Lösungsprozess darstellen (423 + 61, 304 + 143). Außerdem werden die Ergebnisse von KV5 besprochen.
Um die Einsicht in den Algorithmus der schriftlichen Addition zu vertiefen, bieten sich Klecksaufgaben an. Hierbei wird an die Stelle des Kleckses bei der Sprechweise das Fragewort „Wie viel?" eingesetzt.

Sequenz 6:
Wir addieren schriftlich mit Übertrag.

Materialvorbereitung: Material zur Zahldarstellung (Hunderter, Zehner, Einer) aus Holz

Einstieg (s. Sequenz 1)
In der Hinführungsphase kommen die Schüler in den Theaterkreis. Die Lehrkraft präsentiert eine Aufgabe mit Übertrag an der Einerstelle (238 + 145), die auf verschiedenen Ebenen gelöst werden soll:
- handelnd mit Material,
- bildlich mit Hilfe der Geheimschrift,
- halbschriftlich mit der Strategie „Stellenwerte extra" (beginnend mit der Einerstelle),
- schriftlich.

Begleitend zu den verschiedenen Lösungswegen wird jeweils herausgearbeitet, wo die Stolperstelle der Aufgabe liegt und wie diese zu lösen ist: Zehn Einer werden in einen Zehner gewechselt. Beim Verfahren der schriftlichen Addition wird dieses Wechseln durch den Übertrag symbolisiert. Dabei sollte folgende Sprechweise angewendet werden: „8 Einer + 5 Einer = 13 Einer. Ich schreibe 3 Einer und übertrage 1 Zehner." Analog werden Aufgaben zum Übertrag von der Zehner- in die Hunderterstelle erarbeitet. Es ist möglich, weitere Aufgaben gemeinsam an der Tafel zu berechnen, bis die Kinder ein ausreichend sicheres Verständnis haben, um die KV6 selbstständig zu bearbeiten.
Für die Reflexionsphase lässt die Lehrkraft Aufgaben mit zwei Überträgen an der Tafel berechnen und es werden die Ergebnisse von KV6 besprochen.

Sequenz 7:
Wir besiegen den Fehlerteufel.

Einstieg (s. Sequenz 1)
In der Hinführungsphase kommen die Kinder in den Theaterkreis. Die Lehrkraft präsentiert Aufgaben zur schriftlichen Addition, welche teilweise fehlerhaft sind. Die Bewusstmachung von Fehlerquellen soll dazu führen, dass die Schüler über das Verfahren und Stolperstellen reflektieren und dadurch sensibler in der Anwendung werden. Gemeinsam werden die Aufgaben betrachtet, Fehlerursachen benannt (Ziffern falsch addiert, nicht stellengerecht notiert, Übertrag vergessen), entsprechend markiert und richtig gelöst. Im Anschluss bearbeiten die Schüler die KV7 in Partnerarbeit.
Zum Schluss werden die Fehler von KV7 im Plenum besprochen und die fehlerhaften Aufgaben richtig an der Tafel gelöst.

Neben den oben genannten häufigen und für Schüler gut wahrnehmbaren Fehlen, gibt es eine Reihe weiterer Fehlertypen. Wichtig bei der Betrachtung von Schülerlösungen zur schriftlichen Addition ist ein kompetenzorientierter Blick und ein Verständnis für auftretende Fehler, sodass im Unterricht entsprechend individuell reagiert werden kann. Eine Möglichkeit zur Diagnose bieten die informativen Aufgaben auf KV8, die verschiedene Schwierigkeitsmerkmale beinhalten, sowie der dazugehörige Auswertungsbogen (KV9).

Sequenz 8:
Wir rechnen flexibel – mal schriftlich, mal im Kopf.

Einstieg (s. Sequenz 1)

In der Hinführungsphase notiert die Lehrkraft verschiedene Aufgaben an der Tafel. Hierbei handelt es sich sowohl um Aufgaben, die problemlos im Kopf zu lösen sind, als auch um Aufgaben, die besser schriftlich gelöst werden sollten. Ziel der Stunde ist es, dass die Kinder ihren Aufgabenblick schärfen und lernen, Rechenwege sinnvoll einzusetzen. Dabei müssen die individuellen Lernvoraussetzungen der Kinder berücksichtig werden, weshalb es hierbei kein für alle verbindliches und einheitliches Vorgehen gibt.

Jedes Kind versucht nun in der Arbeitsphase diese Aufgaben clever und flexibel mal im Kopf (unter Anwendung der erlernten halbschriftlichen Rechenstrategien) und mal schriftlich zu lösen.

Abschließend erläutern die Kinder im Rahmen einer Mathekonferenz, warum und mit welcher Strategie sie die Aufgaben sinnvoll gelöst haben. Dabei sollen sie bei ihrer Begründung auf ihr Vorwissen zu den Rechenstrategien zurückgreifen und diese benennen.

Folgende Aufgaben bieten sich an:

- schriftliche Lösung:

  327 + 578, 438 + 535, 362 + 559, 257 + 674

- Lösung im Kopf:

  736 + 199, 202 + 176, 435 + 203, 300 + 81,
  249 + 250, 542 + 98, 498 + 153

KV 1 Standortbestimmung

Rechne die Aufgaben aus und schreibe jeweils deinen Rechenweg auf.

Tipp: Immer zwei Aufgaben gehören zusammen.

23 + 56	★ 223 + 356

38 + 99	★ 538 + 299

29 + 42	★ 329 + 142

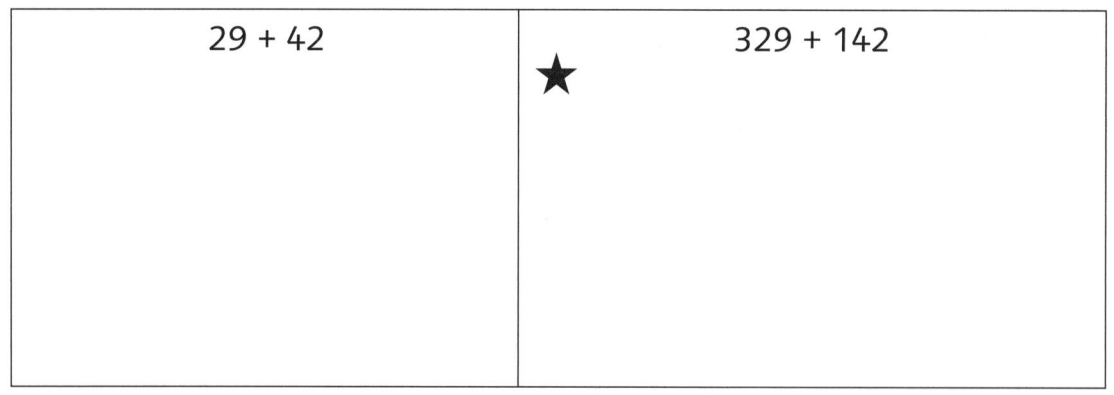

Bünker / Vollmer • Fachfremd unterrichten Mathematik 3/4 • Vignettenzeichnungen: Stefan Giertzsch

KV 2 Meine Rechenwege

Rechne die Aufgaben aus und schreibe jeweils deinen Rechenweg auf.

Tipp: Immer zwei Aufgaben gehören zusammen.

1

31 + 53	231 + 653

Beschreibe deinen Rechenweg. Warum hast du ihn gewählt?

_____

_____

_____

2

46 + 29	546 + 329

Beschreibe deinen Rechenweg. Warum hast du ihn gewählt?

_____

_____

_____

3

24 + 76	624 + 176

Beschreibe deinen Rechenweg. Warum hast du ihn gewählt?

_____

_____

_____

Name: _____   Datum: _____

KV 3 Ich trainiere Rechenwege

Rechenweg: _____

So funktioniert der Rechenweg:

Wie findest du diesen Rechenweg?

_____

_____

Überlege dir drei Aufgaben, bei denen du diesen Rechenweg gut nutzen kannst.

Bünker / Vollmer • Fachfremd unterrichten Mathematik 3/4 • Vignettenzeichnungen: Stefan Giertzsch

KV 4 Ich wähle einen cleveren Rechenweg

Löse diese Aufgaben, indem du sie besonders gut anschaust und einen cleveren Rechenweg auswählst. Schreibe den Namen des Rechenwegs dazu.

428 + 299	575 + 627

Mein ausgewählter Rechenweg:

_____

Mein ausgewählter Rechenweg:

_____

182 + 318	267 + 284

Mein ausgewählter Rechenweg:

_____

Mein ausgewählter Rechenweg:

_____

816 + 99	348 + 512

Mein ausgewählter Rechenweg:

_____

Mein ausgewählter Rechenweg:

_____

KV 5 Schriftliche Addition

1 **Löse die Aufgabe** (351 + 134) **auf verschiedenen Wegen.**

Geheimschrift   halbschriftlich   schriftlich

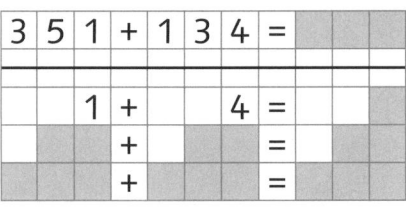

2 **Addiere schriftlich.**

H	Z	E
5	1	7
+3	2	2

H	Z	E
2	3	4
+4	1	3

H	Z	E
3	2	5
+2	6	3

H	Z	E
7	3	1
+	2	4

H	Z	E
	3	4
+2	4	2

3 **Addiere schriftlich. Schreibe dazu die Aufgaben stellengerecht untereinander.**

(203 + 483)   (670 + 219)   (136 + 440)   (218 + 41)   (54 + 342)

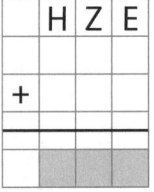

(706 + 263)   (314 + 224)   (712 + 133)   (504 + 285)   (471 + 418)

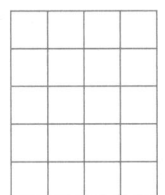 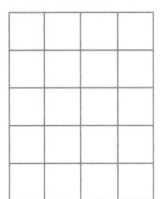

(357 + 432)   (51 + 948)   (607 + 42)   (700 + 125)   (504 + 330)

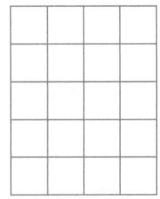 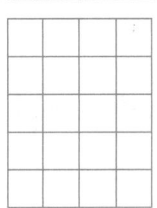 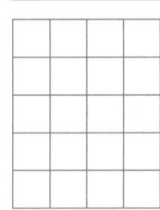

Bünker / Vollmer • Fachfremd unterrichten Mathematik 3/4 • Vignettenzeichnungen: Stefan Giertzsch

KV 6 Schriftliche Addition mit Übertrag

1 **Löse die Aufgaben mit Übertrag an der Einerstelle. Du darfst Material nutzen.**

H Z E	H Z E	H Z E	H Z E	H Z E
7 0 4	2 0 3	2 2 5	2 4 9	4 4 2
+ 4 8	+ 5 3 9	+ 5 3 7	+ 2 4 1	+ 4 1 8

2 **Löse die Aufgaben mit Übertrag an der Zehnerstelle. Du darfst Material nutzen.**

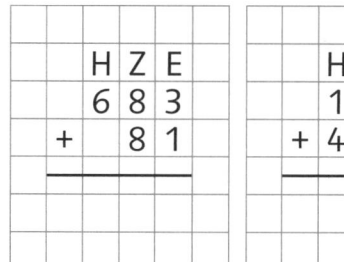

H Z E	H Z E	H Z E	H Z E	H Z E
2 6 6	8 3	4 6 3	6 8 3	1 7 5
+ 3 4 1	+ 2 7 4	+ 3 5 3	+ 8 1	+ 4 6 4

3 **Löse die Aufgaben mit Übertrag. Du darfst Material nutzen.**

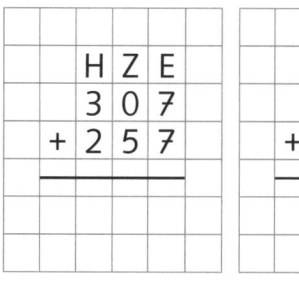

H Z E	H Z E	H Z E	H Z E	H Z E
3 2 9	7 6 2	2 5 1	3 0 7	3 7 2
+ 2 2 6	+ 1 8 7	+ 4 6 3	+ 2 5 7	+ 4 6 1

4 **Löse die Aufgaben mit Übertrag. Du darfst Material nutzen.**

H Z E	H Z E	H Z E	H Z E	H Z E
6 1 4	4 2 2	5 7 3	7 1 3	2 8 9
+ 7 7	+ 4 7 8	+ 1 5 1	+ 1 8 2	+ 3 6 4

H Z E	H Z E	H Z E	H Z E	H Z E
7 6 3	4 3 5	5 7 8	5 4 2	2 6 0
+ 5 6	+ 1 4 3	+ 3 6 6	+ 1 3 9	+ 7 3

Bünker / Vollmer · Fachfremd unterrichten Mathematik 3/4 · Vignettenzeichnungen: Stefan Giertzsch

KV 7 Fehler und ihre Ursache finden

Hier wurden einige Aufgaben falsch gelöst.

Sucht gemeinsam die falschen Aufgaben und überlegt, welcher Fehler gemacht wurde.

Kreist die Aufgabe in der entsprechenden Farbe ein.

Hier war der Fehlerteufel aktiv:
- Ziffern falsch addiert (rot)
- nicht stellengerecht notiert (blau)
- Übertrag vergessen (gelb)

Tipp: 5 Aufgaben wurden richtig gelöst.

```
    5 8 1          2 4 7          1 0 9
  + 2 3 4        + 4 5 9        + 4 9 5
  _____          1 1          _____
    7 1 5        _____          6 0 4
                   7 0 6
```

```
    2 9 8          1 7 4          4 9 6
  +   5 7        + 4 5 9        + 2 1 8
      1            1 1            1 1
  _____        _____        _____
    8 6 8          6 3 2          7 1 4
```

```
    2 6 8          4 2 5          3 2 1
  + 3 2 9        +   5 4        + 2 8 3
      1                            1
  _____        _____        _____
    5 9 7          9 6 5          5 0 4
```

```
    1 2 3          2 3 7          3 5 4
    3 8 5        + 2 9 6          2 7 2
  + 2 4 6        +   4 5        + 1 0 6
    1 1            2 1            1 1
  _____        _____        _____
    7 4 4          9 8 3          7 3 2
```

Rechne die falschen Aufgaben nochmal richtig in deinem Heft.

Bünker / Vollmer • Fachfremd unterrichten Mathematik 3/4 • Illustration: Dorothee Wolters, Vignettenzeichnungen: Stefan Giertzsch

KV 8 Diagnosebogen zur Schriftlichen Addition

1
```
    2 4
+   5 3
```

2
```
  3 6 2
+   3 2
```

3
```
  3 5 6
+ 3 0 3
```

4
```
  6 1 7
+   8 0
```

5
```
    3 6
+   4 7
```

6
```
  8 6 6
+   2 9
```

7
```
  1 8 5
+ 5 2 1
```

8
```
  4 8 0
+   8 4
```

9
```
    8 5
+ 6 0 9
```

10
```
    6 4
+   7 4
```

11
```
  2 8 3
+   5 6
```

12
```
  5 0 4
+ 2 0 6
```

13
```
  8 0 9
+     7
```

14
```
    6 7
+ 4 0 3
```

15
```
  2 5 3
+ 4 4 8
```

16
```
  1 5 6
+   9 7
```

17
```
  7 2 3
+ 1 7 7
```

18
```
  6 0 9
+   9 6
```

19
```
    6 9
+ 8 3 1
```

20
```
  4 9 7
+ 4 9 7
```

21
```
  6 5 8
+   9 6
```

22
```
    8 7
+   1 5
```

23
```
    9 6
+     9
```

24
```
  9 2 7
+   8 1
```

KV 9 Auswertung des Diagnosebogens zur schriftlichen Addition

Schwerpunkt	Schwierigkeitsmerkmal	Aufgaben										
Stellenunterschiede	mit Stellenunterschied	2, 4, 6, 8, 9, 11, 13, 14, 16, 18, 19, 21, 23, 24										
	ohne Stellenunterschied	1, 3, 5, 7, 10, 12, 15, 17, 20, 22										
Null (Summand oder Ergebnis)	Aufgaben mit Null	3, 4, 7, 8, 9, 12, 13, 14, 17, 18, 19, 22, 23, 24										
	Aufgaben ohne Null	1, 2, 5, 6, 10, 11, 15, 16, 20, 21										
Überträge	Übertrag durch Summe 10	7, 12, 14, 17, 18, 19, 23, 24										
	zweiter Übertrag resultiert aus erstem Übertrag	17, 18, 19, 23, 24										
	Übertrag zur 9	16, 20, 21										
	Übertrag zur Null	9, 12, 14										
	Übertrag in zusätzliche leere Stelle	10, 22, 23, 24										
	Übertrag in leere Stelle	8, 11, 13, 16, 18, 21, 23, 24										
	mit 2 Überträgen	15, 16, 17, 18, 19, 20, 21, 22, 23, 24										
	mit 1 Übertrag	5, 6, 7, 8, 9, 10, 11, 12, 13, 14										
	ohne Übertrag	1, 2, 3, 4										
		Name										

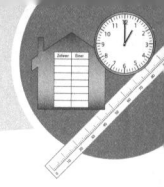

Bereich: Raum und Form

Wir erkunden symmetrische Figuren.

Unterrichtsvorhaben für die Klasse 3

Lernziele:

Die Schüler

- erfahren eine Förderung der visuellen Wahrnehmungsfähigkeit (Wahrnehmung der Raumlage und der räumlichen Beziehung).
- unterscheiden zwischen symmetrischen und nicht symmetrischen Figuren.
- entdecken symmetrische Figuren in der Umwelt.
- stellen symmetrische Figuren her durch Falten, Schneiden, Prickeln, Spiegeln und Spannen.
- erkennen und kennzeichnen Spiegelachsen in symmetrischen Figuren.
- ergänzen Teilfiguren zu einer symmetrischen Figur.
- schulen die prozessbezogenen Kompetenzen „Kommunizieren/Argumentieren" (mathematische Sachverhalte mit eigenen Worten beschreiben und Fachbegriffe sachgerecht verwenden).

Sequenz 1:

Wir falten, scheiden und prickeln symmetrische Figuren.

Materialvorbereitung: Bilder oder Fotos von symmetrischen bzw. ungefähr symmetrischen Figuren, buntes Papier, Scheren, Prickelnadeln, Prickelunterlagen, Wasserfarbe

Zum Einstieg benennen die Schüler das Thema/Ziel und den Verlauf der Stunde.

In der Hinführungsphase kommen die Schüler in den Sitzkreis. Die Lehrkraft präsentiert verschiedene Bilder von (ungefähr) symmetrischen Figuren. Die Schüler äußern sich spontan dazu, was diese Bilder gemeinsam haben könnten. Anschließend werden alle Bilder auf Symmetrie untersucht und das Gespräch dahingehend gelenkt, dass in unserer Umwelt häufig keine reine Symmetrie zu finden ist (z. B. das Gesicht).

In der Arbeitsphase wechseln die Kinder zwischen drei Stationen, an denen sie Scheren-, Prickel- und Klecksbilder herstellen. Dabei falten sie jeweils das Blatt, sodass an dieser Faltkante eine Symmetrieachse entsteht.

Zum Schluss präsentieren die Kinder ihre Bilder im Rahmen eines Museumsgangs. In einem abschließenden Gespräch werden erste Fachbegriffe aufgegriffen, wie z. B. Symmetrieachse, deckungsgleich/kongruent, gleicher Abstand zur Symmetrieachse, senkrecht, waagerecht, diagonal.

Sequenz 2:

Wir untersuchen Figuren auf Symmetrie.

Materialvorbereitung: einen Klassensatz Spiegel, ggf. ein Demonstrationsspiegel für die Tafel, Bilder oder Fotos von symmetrischen bzw. ungefähr symmetrischen Figuren

Einstieg (s. Sequenz 1)

Die Schüler kommen zur Hinführung in den Theaterkreis. Die Lehrkraft präsentiert ein symmetrisches Bild an der Tafel. Nachdem die Kinder Vermutungen über Symmetrieachsen geäußert haben, wird besprochen, wie ein Beweis erfolgen kann. Die Möglichkeiten des Faltens und des Spiegelns werden durch die Lehrkraft demonstriert. Nun sollte der Begriff Spiegelachse eingeführt werden.

In der Arbeitsphase bearbeiten die Kinder die KV1, auf der mithilfe von Spiegeln alle möglichen Symmetrie-/Spiegelachsen gefunden und farbig eingezeichnet werden.

Zum Abschluss wird die Aufgabe 4 von KV1 aufgelöst.

Sequenz 3:

Wir spannen symmetrische Figuren am Geobrett.

Materialvorbereitung: einen Klassensatz Geobretter und Gummis

Einstieg (s. Sequenz 1)

In der Hinführungsphase kommen alle Kinder in den Theaterkreis. Die Lehrkraft spannt an einem Geobrett eine symmetrische Figur. Mit Hilfe ihres Vorwissens über Symmetrie-/Spiegelachsen spannen die Schüler mit einem roten Gummiband die passenden Symmetrie-/Spiegelachsen. Ein anderes Kind überprüft diese Lösung mit einem Spiegel. An dieser Stelle wird darüber hinaus begründet, warum die Lösung richtig ist. Anschließend legt die Lehrkraft zwei leere Geobretter nebeneinander und spannt auf einem Geobrett eine Figur. Auf das andere Geobrett soll nun das Spiegelbild gespannt werden. Die Symmetrie-/Spiegelachse befindet sich also zwischen den beiden Geobrettern.

Im Anschluss daran bearbeiten die Kinder die KV2.

In der Reflexionsphase wird die Aufgabe 3 von KV2 besprochen und gemeinsam werden Tipps gesammelt. Mithilfe dieser Tipps werden im Anschluss Bildhälften spiegelbildlich ergänzt (an der Tafel, am Geobrett oder am OHP). Hierbei geht es vor allem darum, die Lage der Symmetrie-/Spiegelachse und die Abstände der Figur zu dieser zu berücksichtigen. Dies bereitet die Hausaufgabe (KV3) vor.

Name: _____

Datum: _____

KV 1 Symmetrische Figuren und ihre Symmetrieachsen

1   **Zeichne die Spiegelachsen in rot ein.**

2   **Zeichne die Spiegelachsen in rot ein. Wie viele Spiegelachsen hat das Würfelbild?**

   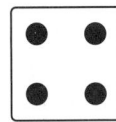  

____   ____   ____   ____   ____   ____

3   **Zeichne die Spiegelachsen in rot ein. Wie viele Spiegelachsen hat die geometrische Form?**

____   ____   ____   ____   ____

4   **Finde alle großen Buchstaben, die symmetrisch sind. Schreibe sie auf.**

_____

_____

Bünker / Vollmer • Fachfremd unterrichten Mathematik 3/4 • Illustrationen: Dorothee Wolters, Vignetten-, Sachzeichnungen u. Verkehrsschilder: Stefan Giertzsch

KV 2 Symmetrische Figuren am Geobrett

(1) **Spanne die Figur auf deinem Geobrett und zeichne die Spiegel-achsen in rot ein.**

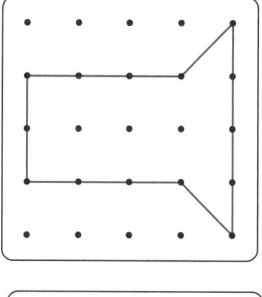 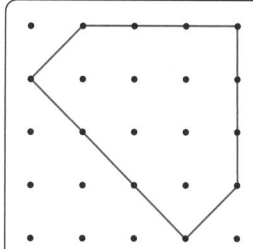 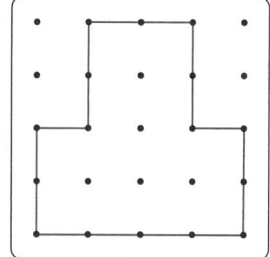 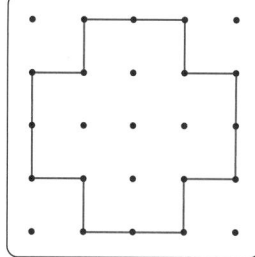

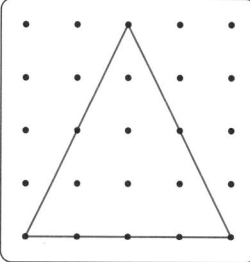 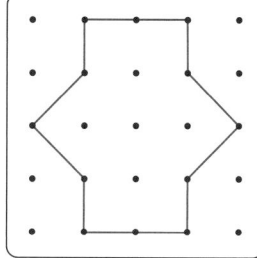 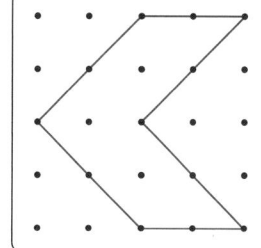 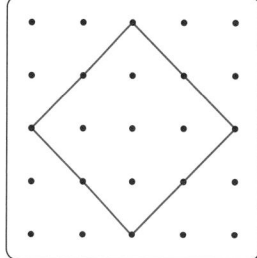

(2) **Spanne die Figur auf deinem Geobrett. Dein Partner spannt das Spiegelbild.**

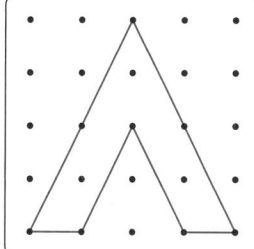 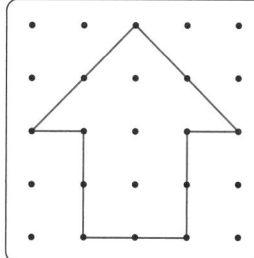 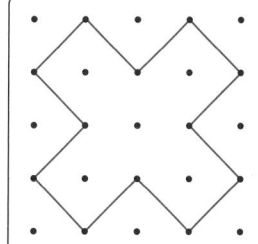 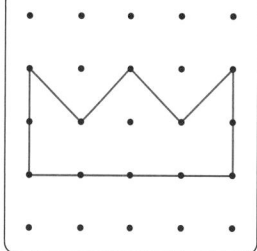

(3) **Zeichne das Spiegelbild. Schaffst du es, ohne es zu spannen?**

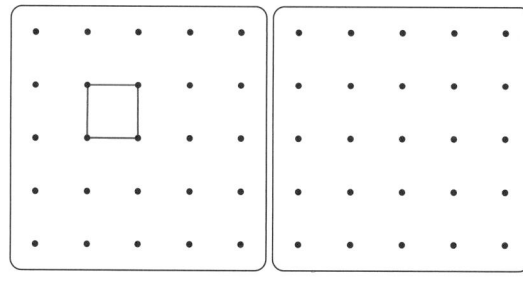 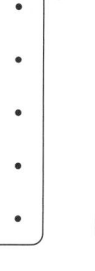 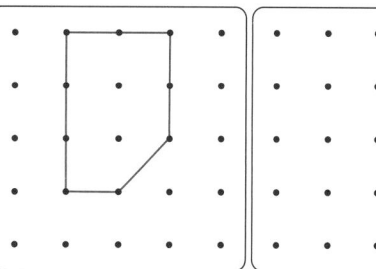

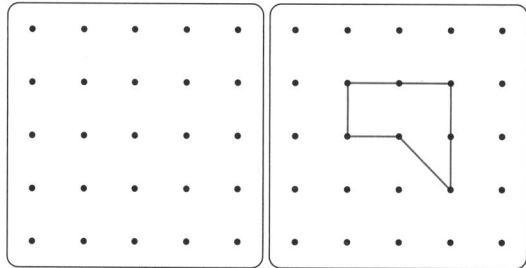 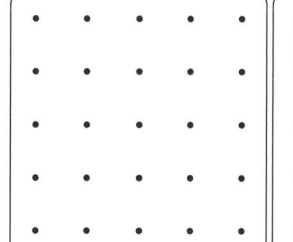 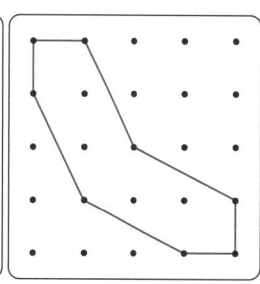

Name: _____   Datum: _____

KV 3 Spiegelbildlich ergänzen

1   **Ergänze spiegelbildlich an der senkrechten Spiegelachse.**

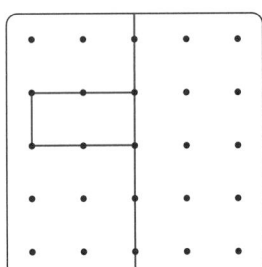 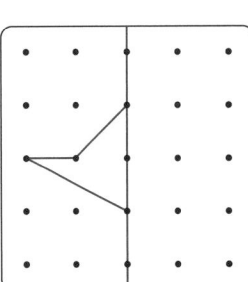 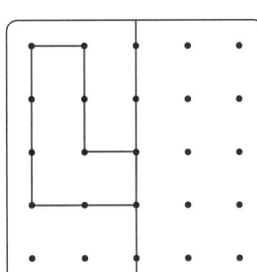 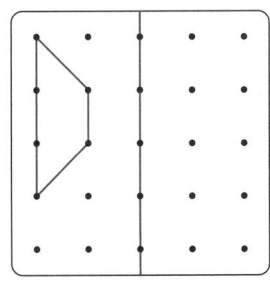

2   **Ergänze spiegelbildlich an der waagerechten Spiegelachse.**

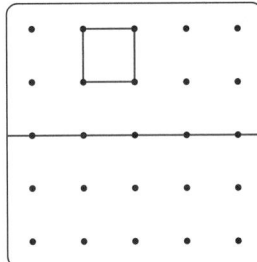 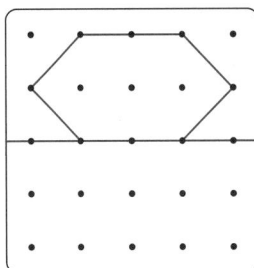 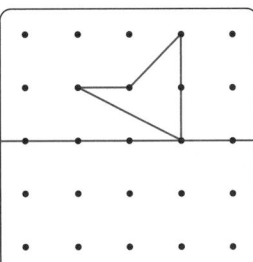 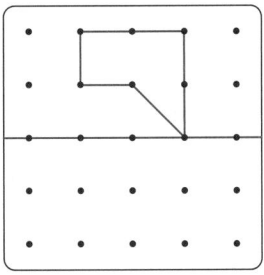

3   **Ergänze spiegelbildlich an der diagonalen Spiegelachse.**

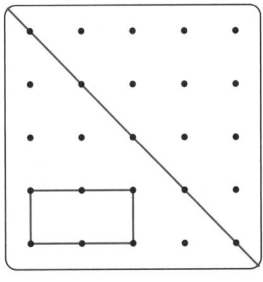 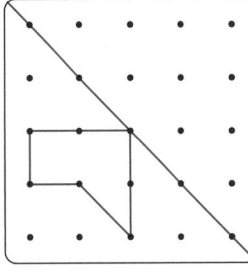 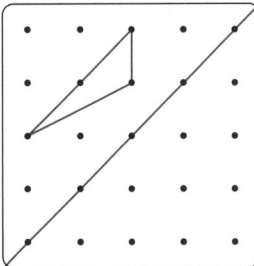 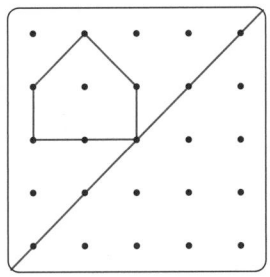

4   **Ergänze spiegelbildlich an der Spiegelachse.**

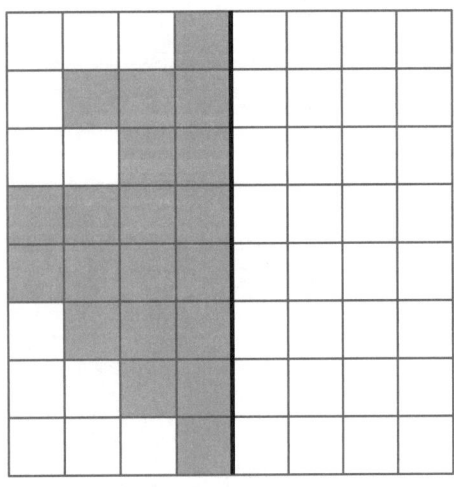 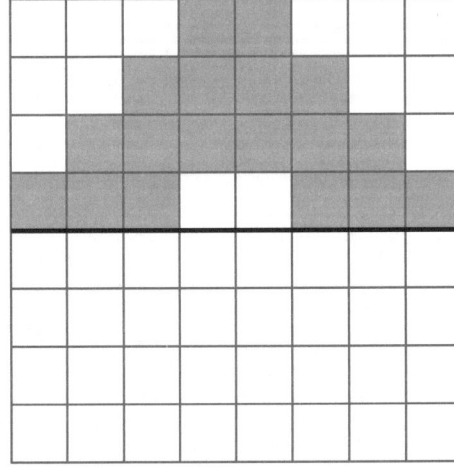

Bünker / Vollmer • Fachfremd unterrichten Mathematik 3/4 • Vignetten- u. Sachzeichnungen: Stefan Giertzsch

Bereich: Daten, Häufigkeit und Wahrscheinlichkeit

Wir erheben und deuten Daten.

Unterrichtsvorhaben für Anfang Klasse 3

Lernziele:
Die Schüler
- erheben Daten mit Hilfe von Strichlisten.
- stellen Daten in Häufigkeitstabellen und Diagrammen dar.
- entnehmen, deuten und vergleichen Informationen aus verschiedenen Diagrammen.
- schulen die prozessbezogene Kompetenz „Darstellen" (Darstellungen miteinander vergleichen und bewerten; eine Darstellung in eine andere übertragen).

Sequenz 1:
Wir entwickeln Fragen und sammeln Daten in unserer Klasse.

Zum Einstieg erklärt die Lehrkraft das Unterrichtsvorhaben für die nächsten Stunden: Ein Projekt mit dem Titel *„Unsere Klasse in Daten"*. Ziel dieses Projektes ist es, die Klasse vorzustellen und Informationen über die Klasse mithilfe von Diagrammen zu veranschaulichen. In der heutigen Stunde geht es darum, welche interessanten Informationen/Daten über die Klasse ermittelt werden sollen. Dazu findet eine Ideensammlung statt. Mögliche Themen/Fragestellungen können sein:
- Mädchen und Jungen,
- Geburtstage (Monat oder Jahreszeit),
- Alter,
- Haarfarbe,
- Augenfarbe,
- Hobbies,
- Geschwister (Anzahl),
- Haustiere,
- Schulweg (zu Fuß, mit dem Fahrrad, mit dem Bus, mit dem Auto),
- Lieblingsdinge (Schulfach, Farbe, Tier, Eissorte etc.).

Für eine anschließende Gruppenarbeit sollten nun Themen ausgewählt werden. Jede Gruppe wählt ein Thema aus, zu dem sie in den nächsten Stunden arbeitet.
Im Anschluss wird gemeinsam überlegt, wie diese Daten gesammelt werden könnten. Möglichkeiten der Datenerhebung sind z. B.:

- Strichlisten,
- Einzelbefragung: Interview,
- Gruppenbefragung: Abfrage im Plenum,
- Fragebogen.

Der erste Gruppenauftrag besteht nun darin, ein bis zwei Fragen zu formulieren, welche von den Mitschülern beantwortet werden müssen und als Datenerhebung dienen. Aus den Fragen aller Gruppen erstellt die Lehrkraft einen Fragebogen, den jedes Kind ausfüllen muss.

Sequenz 2:
Wir werten die Fragebögen aus.

Materialvorbereitung: eingesammelte Fragebögen nach Themen zerschnitten und gebündelt (als Vorbereitung für die Gruppenarbeit)

Zum Einstieg benennen die Schüler das Thema/Ziel und den Verlauf der Stunde.
In der Hinführungsphase kommen alle Schüler in den Theaterkreis zusammen. Die Lehrkraft präsentiert die nach Themen sortierten Fragebögenteile und skizziert kurz das weitere Vorgehen an der Tafel: Auswertung der gesammelten Daten durch das Anlegen einer Strichliste/Tabelle. Um anschließend ein überschaubares Diagramm erstellen zu können, benötigt man einen Überblick über alle erhobenen Daten.
In der Auswertungsphase steht die Lehrkraft den Gruppen unterstützend zur Seite und hilft bei auftretenden Fragen und Problemen.
Als Ausblick auf die nächsten Stunden präsentiert die Lehrkraft verschiedene Diagrammtypen:
- Stabdiagramm: Balken- und Säulendiagramm
- Bei diesen Diagrammen werden absolute Zahlen in Form von waagerechten bzw. senkrechten Flächen dargestellt.
- Kreis- und Blockdiagramm
  Diese Diagramme veranschaulichen Anteile.
  Absolute Zahlen werden nicht dargestellt.

Gemeinsam wird überlegt, wie die Gruppen ihre Ergebnisse darstellen möchten. Dabei werden die erhobenen Daten berücksichtigt und gemeinsam entschieden, welches Diagramm zweckmäßig ist.

Sequenz 3:
Wir erstellen und präsentieren unsere Diagramme.

Materialvorbereitung: Material für die Erstellung von verschiedenen Diagrammen (Tonkarton, jeweils in Klassenstärke: Papierquadrate (Balken-/Säulendia-

gramm), *Papierstreifen (Blockdiagramm), Papier-kreisteile (Kreisdiagramm), Schere, Kleber, Lineal, Edding*

Einstieg (s. Sequenz 2)
In der Hinführungsphase kommen alle Schüler in den Theaterkreis zusammen. Die Lehrkraft präsentiert noch einmal die verschiedenen Diagrammtypen und weist auf die Vorgehensweise beim Erstellen der Diagramme hin. Zur Verdeutlichung dürfen die Gruppen neben dem Bastelmaterial auch Farben nutzen.
In der anschließenden Arbeitsphase erstellen die einzelnen Gruppen ihr Diagramm zur Präsentation von den erhobenen Daten.
Zum Schluss stellt jede Gruppe ihr Diagramm vor, bevor es zur Ausstellung in den Flur/an die Klassentür gehängt wird.

Sequenz 4:
Wir zeichnen und deuten Diagramme.

Materialvorbereitung: KV1 als Folie

Einstieg (s. Sequenz 2)
In der Hinführungsphase präsentiert die Lehrkraft eine Umfrage zum Besuch der Mittagsbetreuung an der Regenbogenschule (KV1). Gemeinsam werden die Daten besprochen. Im Anschluss erhalten die Kinder den Arbeitsauftrag: *„Zeichne mithilfe der Daten aus der Tabelle ein passendes Balkendiagramm zum Besuch der Mittagsbetreuung."* Nun wird der Aufbau eines Diagramms gemeinsam an der Folie erarbeitet.
Anschließend bearbeiten die Kinder die KV1.
Zum Abschluss werden die Antworten von Aufgabe 2 im Plenum besprochen. Dabei gibt es eine Frage, die nicht mithilfe der angegebenen Daten beantwortet werden kann. Gemeinsam könnte hier überlegt werden, welche Information fehlt, um sie zu lösen.

Sequenz 5:
Wir entnehmen Informationen aus Diagrammen, interpretieren und vergleichen diese.

Materialvorbereitung: KV2 als Folie

Einstieg (s. Sequenz 2)
Zu Beginn präsentiert die Lehrkraft die KV2 als Folie am OHP. Die Schüler äußern sich spontan dazu und treffen einfache Aussagen. Anschließend geht es darum, Vergleiche herzuleiten und zu versprach-

lichen. Dabei kann an der Tafel ein passender Wortspeicher angelegt werden (mehr als, weniger als, gleich viele, doppelt so viele, halb so viele etc.).
Im Anschluss bearbeiten die Kinder die KV2.
In der Reflexionsphase werden die Ergebnisse von KV2 besprochen und verglichen.

KV 1 Besuch der Mittagsbetreuung

So viele Kinder aus den Klassen der Regenbogenschule besuchen die Mittagsbetreuung:

1a	1b	2a	2b	3a	3b	4a	4b
15	18	13	17	12	10	9	5

1 **Zeichne mithilfe der Daten aus der Tabelle ein passendes Balken-diagramm.**

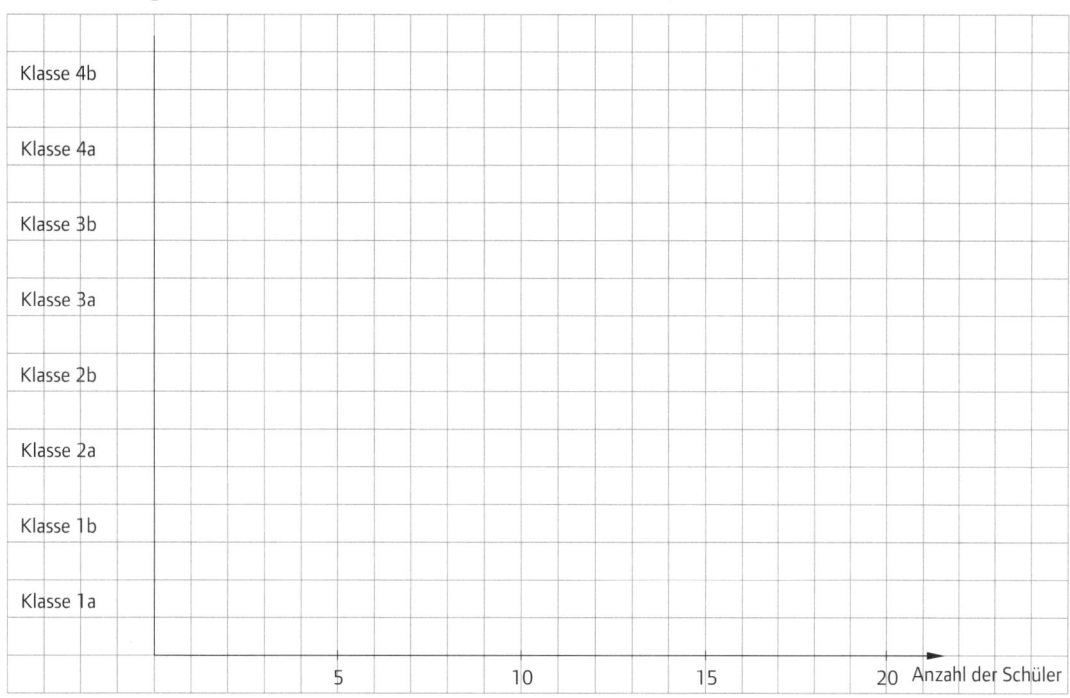

2 **Beantworte folgende Fragen. Rechne, falls nötig auf der Rückseite.**

Wie viele Kinder der Klasse 3b gehen in die Mittagsbetreuung?

_____

Aus welcher Klasse besuchen die wenigsten Kinder die Mittagsbetreuung?

_____

Wie viele Kinder der Klasse 2b gehen nicht in die Mittagsbetreuung?

_____

Wie viele Kinder aus den ersten Klassen besuchen die Mittagsbetreuung?

_____

Wie viele Kinder der Regenbogenschule gehen in die Mittagsbetreuung?

_____

Aus welchem Jahrgang besuchen die meisten Kinder die Mittagsbetreuung?

_____

Aus welchem Jahrgang besuchen die wenigsten Kinder die Mittagsbetreuung?

_____

Bünker / Vollmer • Fachfremd unterrichten Mathematik 3/4 • Vignetten- u. Sachzeichnungen: Stefan Giertzsch

KV 2 Essensgerichte in der Mittagsbetreuung

Die Mittagsbetreuung der Regenbogenschule wird nicht jeden Tag von allen Kindern besucht. Die Kinder können täglich zwischen zwei Gerichten auswählen.

Das Diagramm zeigt dir, welches Gericht von wie vielen Kindern in dieser Woche gewählt wurde:

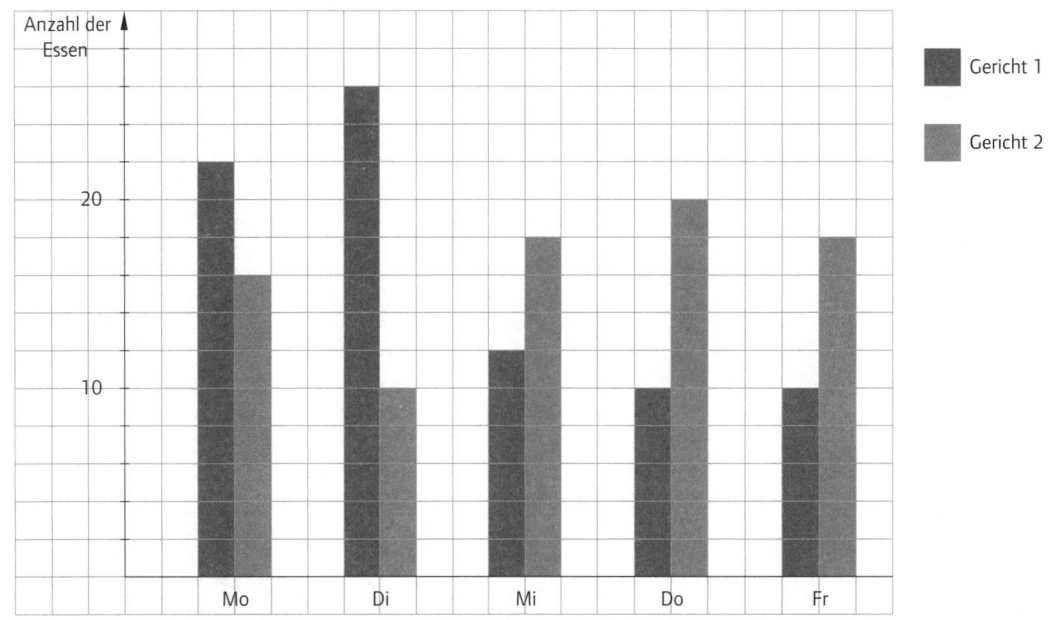

1 **An welchem Wochentag essen die wenigsten Kinder in der Mittagsbetreuung?**

Antwort:

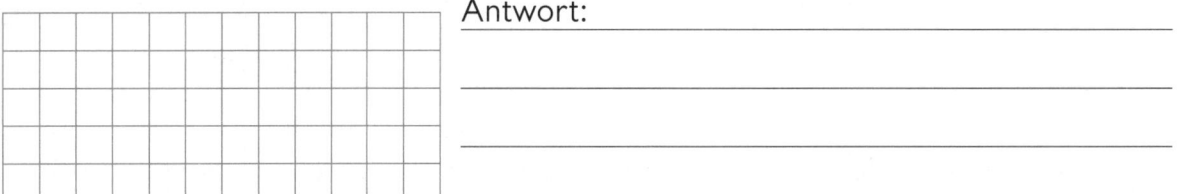

2 **An welchem Wochentag essen die meisten Kinder in der Mittagsbetreuung?**

Antwort:

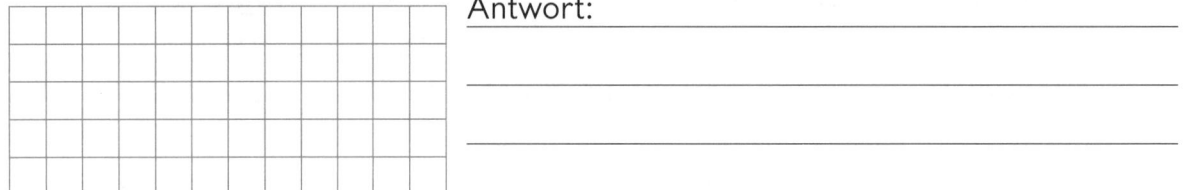

3 **Wie viele Kinder wählten das Gericht 2 in der Woche insgesamt?**

Antwort:

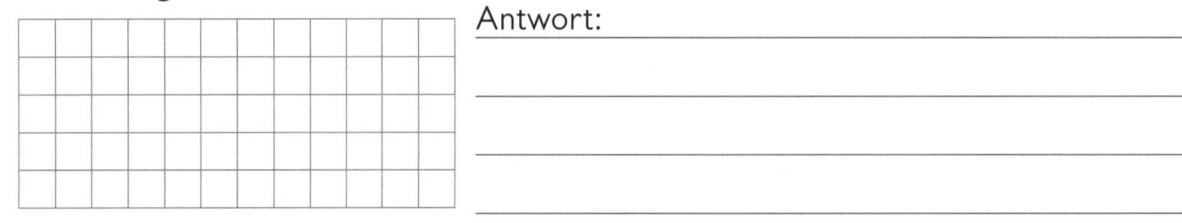

Bünker / Vollmer • Fachfremd unterrichten Mathematik 3/4 • Vignetten- u. Sachzeichnungen: Stefan Giertzsch

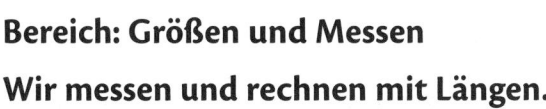
Bereich: Größen und Messen

Wir messen und rechnen mit Längen.

Unterrichtsvorhaben für die Klasse 3

Lernziele:
Die Schüler

- messen und zeichnen Längen mit Messgeräten.
- kennen die Standardeinheiten Millimeter, Zentimeter, Meter und Kilometer und wenden sie sachgerecht an.
- verfügen über tragfähige Grundvorstellungen zu Längen.
- schreiben Längen in Kommaschreibweise und können diese umwandeln.
- rechnen mit Millimeter, Zentimeter, Meter und Kilometer.
- schulen die prozessbezogenen Kompetenzen „Kommunizieren" (mathematische Sachverhalte mit eigenen Worten beschreiben; Fachbegriffe und Zeichen sachgerecht verwenden) und „Darstellen" (Informationen in Skizzen übertragen).

Im 2. Schuljahr sollte eine sichere Größenvorstellung im Bereich Meter und Zentimeter entwickelt worden sein. Die Kinder haben direkte Längenvergleiche, sowie indirekte Längenvergleiche mit Hilfe von Körpermaßen (Elle, Daumenbreite, Handspanne, Schritt, etc.) durchgeführt und das Messen mit genormten Messgeräten (Lineal, Zollstock, Maßband, etc.) kennen gelernt.

Sequenz 1:
Wir aktivieren unser Vorwissen zum Thema Längen.

Materialvorbereitung: verschiedene Messgeräte (z. B. Metermaß aus Möbelgeschäften)

Zum Einstieg benennen die Schüler das Thema/Ziel und den Verlauf der Stunde.
In der Hinführungsphase kommen die Schüler in den Theaterkreis. Die Lehrkraft initiiert ein offenes Gespräch über Längen, bei dem die Kinder ihr Vorwissen zeigen können. Das Gespräch wird ggf. von der Lehrkraft so gelenkt, dass Maßeinheiten und Messgeräte thematisiert werden. Exemplarisch werden Längen von Gegenständen gemeinsam geschätzt und gemessen (Körpermaß, Standardmaß). Im Anschluss daran sollte ein Merkplakat mit möglichen Repräsentanten (KV1) erstellt werden, um darauf beim Schätzen einer Länge zurückgreifen zu können und somit Stützpunktvorstellungen zu entwickeln. Zu diesem Zeitpunkt sollten folgende Längen kindgerecht repräsentiert werden:

- 1 Zentimeter (1 cm) – Breite des Daumennagels,
- 10 Zentimeter (10 cm) – Fingerspanne eines Kindes,
- 1 Meter (1 m) – Breite einer Tür/eines großen Schritts.

Danach erhalten die Kinder den Auftrag, in Partnerarbeit verschiedene Gegenstände und/oder Strecken zu messen (KV2). Dabei ist es wichtig, dass jeweils vor dem Messen der Strecke die Länge geschätzt wird. Wenn möglich sollten die Kinder sowohl Längen im Zentimeterbereich (z. B. Gegenstände aus der Schultasche oder aus dem Klassenraum), als auch Längen im Meterbereich (z. B. Strecken auf dem Schulhof oder im Schulgebäude) messen.

In der Reflexionsphase wird im Plenum darüber gesprochen, welche Erfahrungen und Ergebnisse die Kinder beim Schätzen und Messen gemacht bzw. erzielt haben.

Sequenz 2:
Wir wandeln um mit der Kommaschreibweise.

Materialvorbereitung: Bilder oder Fotos von Tieren, Kärtchen mit dazugehörigen Längenmaßen

Einstieg (s. Sequenz 1)
Die Schüler kommen zur Hinführung in den Theaterkreis. Die Lehrkraft präsentiert verschiedene Bilder und/oder Fotos an der Tafel. Außerdem befinden sich Kärtchen mit den dazugehörigen Längenmaßen unsortiert daneben. Die Schüler sortieren die Bilder/Fotos den Längenmaßen zu. Mögliche Beispiele für Bilder/Fotos:

- Ameise – 1 cm
- Maus – 17 cm
- Meerschweinchen – 26 cm
- Wattwurm – 30 cm
- Kaninchen – 40 cm
- Fuchs – 1 m
- Panda – 150 cm
- Delfin – 3 m
- Elefant – 6 m
- Anakonda – 9 m
- Blauwal – 30 m

An dieser Stelle besteht die Aufgabe darin, die Längen der Tiere zu ordnen. Dabei lenkt die Lehrkraft das Gespräch auf die Längenangabe mit der dazugehörigen Maßeinheit und erarbeitet mit den Kindern, dass es sinnvoll ist, Längen mit der gleichen Maßeinheit miteinander zu vergleichen. Die Lehrkraft führt nun mit Hilfe einer Tabelle (vgl. KV3) die Kommaschreibweise und die passende Versprachlichung ein.

Anschließend bearbeiten die Kinder die KV3.
Zum Abschluss werden die Ergebnisse von KV3 in Partnerarbeit verglichen, wobei es wichtig ist, die einzelnen Ergebnisse abwechselnd vorzulesen, damit an dieser Stelle die richtige Versprachlichung trainiert wird.

Sequenz 3:
Wir messen mit Millimetern.

Materialvorbereitung: Gegenstände, die kleiner als ein Zentimeter sind, ein Lineal für jedes Kind, transparentes Lineal für den OHP, KV4 als Folie

Einstieg (s. Sequenz 1)
In der Hinführungsphase betrachten alle Kinder ihr Lineal. Zeitgleich präsentiert die Lehrkraft am OHP ebenfalls ein Lineal. Während der Betrachtung der Zahlen und Striche wird die Einheit Millimeter als kleinste Längeneinheit eingeführt. Es wird gezählt, wie viele Millimeter ein Zentimeter hat. Danach werden einige Übungen zum Umwandeln und Anzeigen/Ablesen von Strecken durchgeführt. Dabei sollte deutlich werden, dass wie bei einer Position auf dem Zahlenstrahl auch hier eine Menge dargestellt wird, nämlich die Länge der Strecke in Zentimetern bzw. Millimetern. Daher wird nun besprochen, wie ein Gegenstand mit dem Lineal richtig abgemessen wird (wichtig: Nullpunkt ist Anlegepunkt, Endpunkt zeigt Gesamtlänge). Mithilfe der KV4 und einem transparenten Lineal wird diese Vorgehensweise exemplarisch am OHP durchgeführt. Bei der Ermittlung der Länge in Millimeter liest man die Zehnerstelle mithilfe der Zentimeter ab, die Einerstelle ermittelt man mithilfe der Millimeterstriche.
Anschließend sollte das Merkplakat (s. Sequenz 1) um den Repräsentanten erweitert werden:
• 1 Millimeter (1 mm) – die Dicke einer Münze

In der Arbeitsphase bearbeiten die Kinder die KV4. Zum Abschluss vergleicht jedes Kind mit seinem Partner die Lösungen von KV4. Anschließend können sie als Zusatzaufgabe auch eigene Gegenstände aus ihrem Etui messen und vergleichen.

Sequenz 4:
Wir rechnen mit Kilometern.

Materialvorbereitung: ermitteln einer ein Kilometer langen Strecke (ausgehend von der Schule), Foto der Schule und des Zielortes

Einstieg (s. Sequenz 1)
Zu Beginn läuft die Lehrkraft gemeinsam mit den Kindern eine ein Kilometer lange Strecke ab, um den Schülern eine Vorstellung dieser Größeneinheit zu ermöglichen.
In der Hinführungsphase lässt die Lehrkraft die Schüler vermuten, wie viele große Schritte (1-Meter-Schritte) man machen muss, um einen Kilometer zu gehen. Es wird erarbeitet, dass 1000 Meter ein Kilometer sind. Die Lehrkraft erläutert das Wort Kilometer, indem sie den Wortbestandteil Kilo erläutert (Kilo kommt aus dem Altgriechischen und bedeutet das Tausendfache). Anschließend sollte das Merkplakat (s. Sequenz 1) um den Repräsentanten erweitert werden:
• 1 Kilometer (1 km) – Länge der gelaufenen Strecke, verdeutlicht durch Fotos/Bild eines Stadions mit Läufer mit dem Hinweis 2 1/2 Runden

Anschließend führt die Lehrkraft einige Ergänzungen zum vollen Kilometer durch, wobei sie auf die Reihenfolge beim Ergänzen achtet: „Zuerst wird mit Einern der Zehner voll gemacht, dann mit Zehner der Hunderter und zum Schluss mit Hundertern der Tausender." Im Anschluss daran führt die Lehrkraft einfache Brüche ein, die im Alltag gebräuchlich sind. Danach bearbeiten die Kinder die KV5.
In der Reflexionsphase werden die Ergebnisse verglichen und darauf eingegangen, dass man beim Lösen von Aufgaben in derselben Einheit rechnen muss.

Sequenz 5:
Wir lösen Sachaufgaben mit Längen.

Materialvorbereitung: KV6 als Folie

Einstieg (s. Sequenz 1)
In der Hinführungsphase betrachten alle Kinder das Bild der KV6 am OHP. Die Kinder äußern sich spontan dazu. Anschließend trifft die Lehrkraft verschiedene Aussagen und fordert die Schüler auf, durch genaues Hinsehen herauszufinden, ob die Aussage richtig oder falsch ist. Hierbei kann die Lehrkraft sowohl auf einzelne Aussagen von KV6 zurückgreifen, als auch eigene Aussagen treffen. Im Anschluss daran, stellt sie Fragen zum Bild, die die Kinder mithilfe einer Rechnung beantworten sollen. Die Struktur Frage – Rechnung – Antwort wird an der Tafel festgehalten und an weiteren Beispielen erprobt.
Danach bearbeiten die Kinder KV6 und KV7.
Zum Abschluss werden die Antworten im Plenum besprochen.

KV 1 Repräsentanten für das Merkplakat

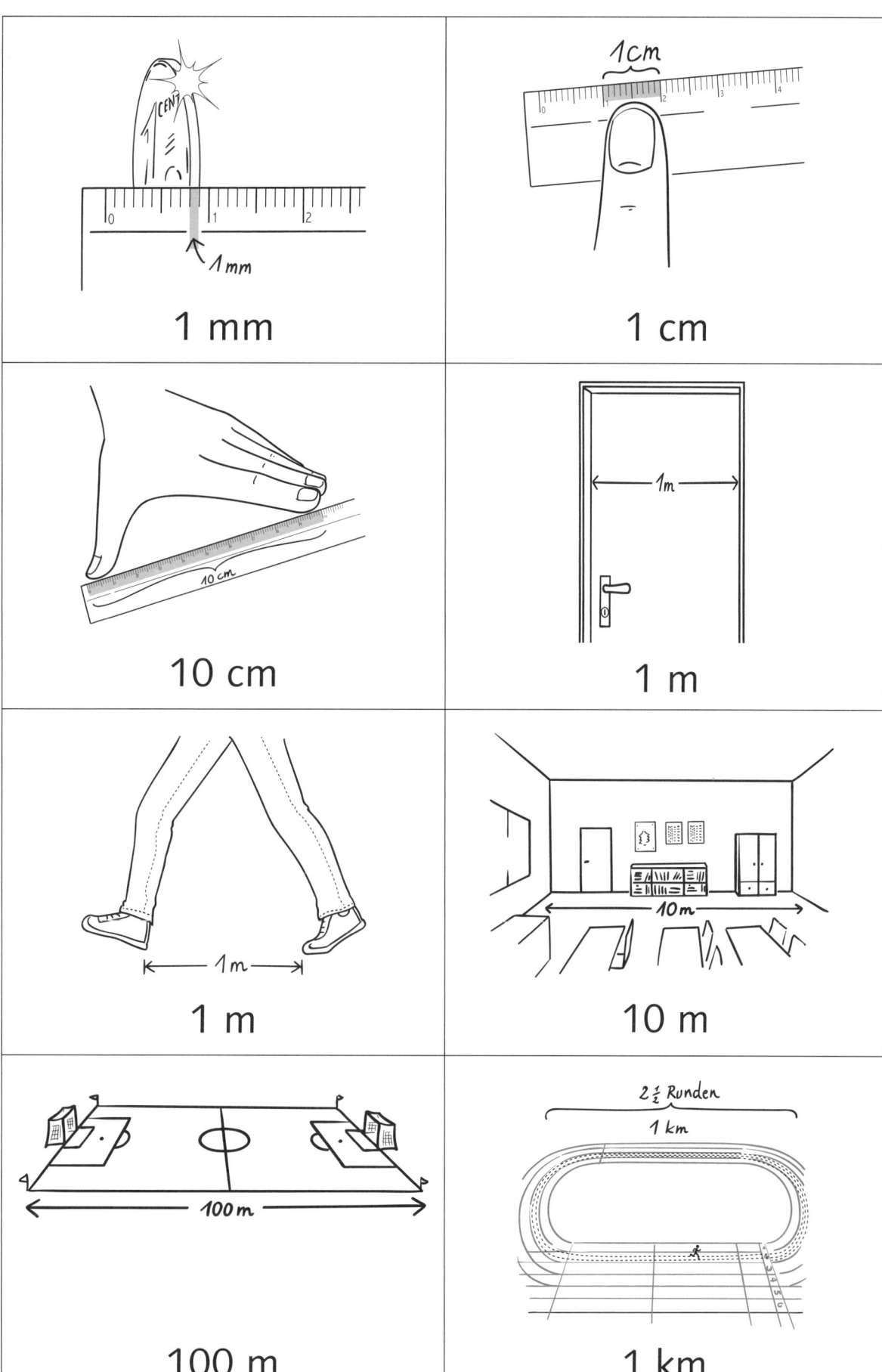

KV 2 Schätzen und Messen

Partnerarbeit von _____ und _____

Gegenstand/Strecke	geschätzt	gemessen

Partnerarbeit von _____ und _____

Gegenstand/Strecke	geschätzt	gemessen

Bünker / Vollmer • Fachfremd unterrichten Mathematik 3/4 • Vignettenzeichnungen: Stefan Giertzsch

KV 3 Längen umwandeln mit der Kommaschreibweise

Zweihundertvierzehn Zentimeter.

Zwei Meter vierzehn Zentimeter.

Zwei Komma eins vier Meter.

214 cm   =   2 m 14 cm   =   2,14 m

1 **Trage die Länge richtig in die Tabelle ein und schreibe als Kommazahl.**

	10 m	1 m	10 cm	1 cm	
531 cm		5	3	1	5,31 m
907 cm					_____
7 m 20 cm					_____
38 m 87 cm					_____
16 m 4 cm					_____
25 cm					_____
9 m					_____

2 **Wandle um.**

305 cm = _____ m   _____ cm = 2,63 m   2 m 47 cm = _____ m

53 cm = _____ m   _____ cm = 7,40 m   4 m 3 cm = _____ m

5 cm = _____ m   _____ cm = 0,90 m   1 m 90 cm = _____ m

357 cm = _____ m   _____ cm = 6,07 m   11 m 84 cm = _____ m

350 cm = _____ m   _____ cm = 0,02 m   30 m 5 cm = _____ m

3 **Eine Länge – drei Schreibweisen. Fülle die Tabelle aus.**

187 cm	445 cm		614 cm	
1 m 87 cm		7 m 40 cm	17 m 7 cm	
1,87 m		9,51 m		0,10 m

Name: _____   Datum: _____

KV 4 Mit Millimetern messen

Merke dir: Ein Zentimeter hat zehn Millimeter.
1 cm = 10 mm

(1) Miss die Länge der Stifte und gib sie in Millimeter an.

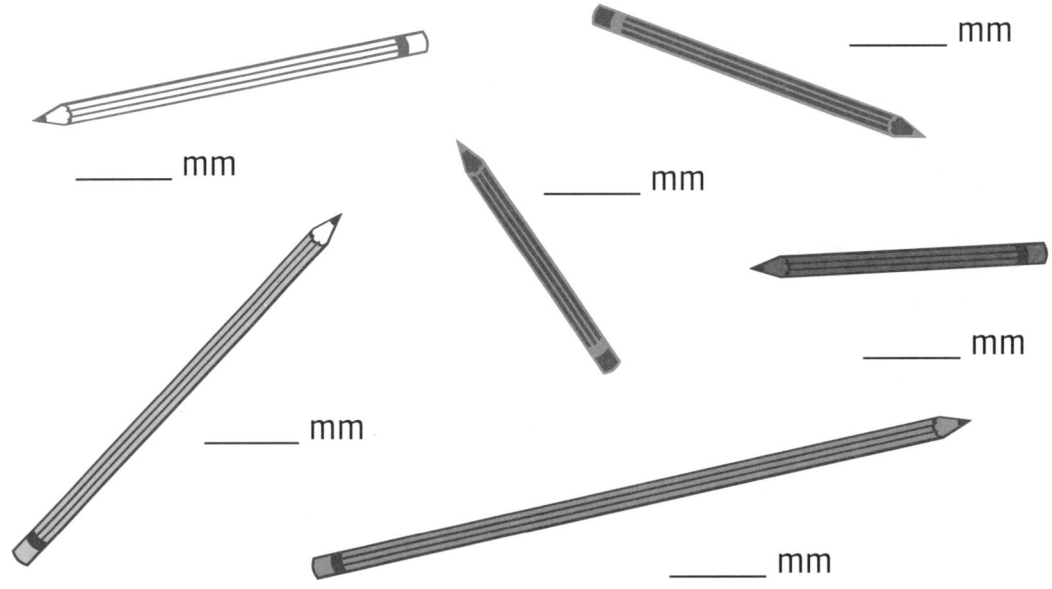

_____ mm

_____ mm

_____ mm

_____ mm

_____ mm

_____ mm

(2) Wie lang sind die Strecken. Schätze erst und miss dann mit dem Lineal.

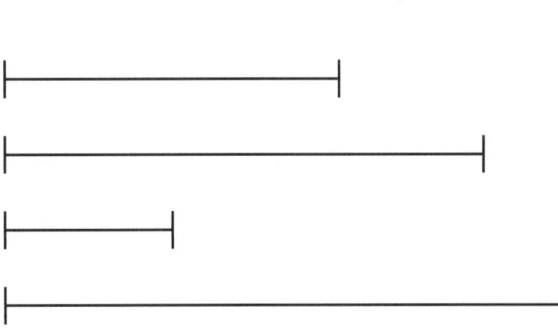

geschätzt	gemessen

(3) Wandle um und achte immer auf die Einheit.

14 mm = ____ cm ____ mm   7 cm 8 mm = ____ mm

99 mm = ____ cm ____ mm   3 cm 1 mm = ____ mm

337 mm = ____ cm ____ mm   20 cm 4 mm = ____ mm

604 mm = ____ cm ____ mm   97 cm 6 mm = ____ mm

Bünker / Vollmer • Fachfremd unterrichten Mathematik 3/4 • Vignetten- u. Sachzeichnungen: Stefan Giertzsch

KV 5 Mit Kilometern rechnen

(1)   Ergänze zu einem Kilometer.

Merke dir:
1 km = 1000 m
$\frac{1}{2}$ km = 500 m
$\frac{1}{4}$ km = 250 m

700 m + _____ m = 1 km

200 m + _____ m = 1 km

600 m + _____ m = 1 km

450 m + _____ m = 1 km   890 m + _____ m = 1 km

150 m + _____ m = 1 km   340 m + _____ m = 1 km

 50 m + _____ m = 1 km   510 m + _____ m = 1 km

634 m + _____ m = 1 km   69 m + _____ m = 1 km

951 m + _____ m = 1 km   308 m + _____ m = 1 km

577 m + _____ m = 1 km   799 m + _____ m = 1 km

(2)   Ergänze.

125 m + _____ m = $\frac{1}{2}$ km   205 m + _____ m = $\frac{1}{4}$ km

389 m + _____ m = $\frac{1}{2}$ km   51 m + _____ m = $\frac{1}{4}$ km

 47 m + _____ m = $\frac{1}{2}$ km   172 m + _____ m = $\frac{1}{4}$ km

(3)   Subtrahiere.

1 km – 450 m = _____   1 km – 202 m = _____

1 km – 633 m = _____   1 km – 220 m = _____

1 km – 914 m = _____   1 km –   22 m = _____

1 km – _____ m = 741 m   1 km – _____ m =   54 m

1 km – _____ m = 125 m   1 km – _____ m = 902 m

1 km – _____ m = 333 m   1 km – _____ m = 545 m

Bünker / Vollmer • Fachfremd unterrichten Mathematik 3/4 • Vignettenzeichnungen: Stefan Giertzsch

Bünker / Vollmer • Fachfremd unterrichten Mathematik 3/4 • Illustrationen: Dorothee Wolters, Vignettenzeichnungen: Stefan Giertzsch

Name: _____   Datum: _____

KV 6 Unterwegs mit Lisa und Tim (1)

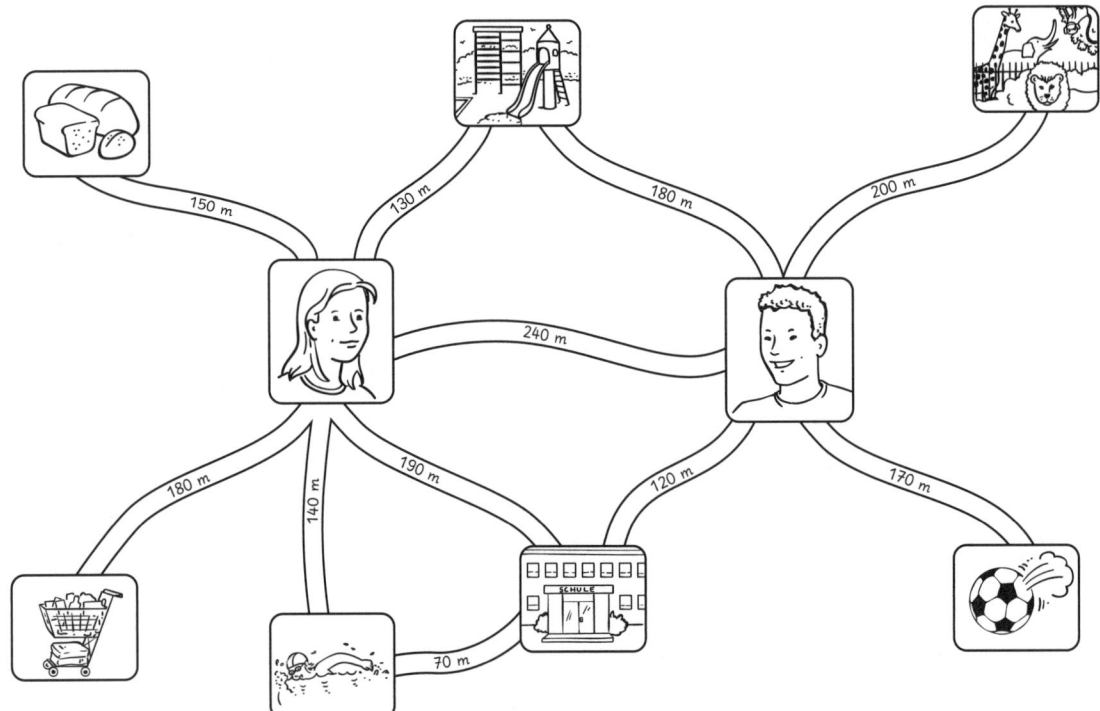

1 **Sind diese Aussagen richtig (✓) oder falsch (x)?**

	✓	x
Lisa muss 50 Meter weiter zur Schule laufen als Tim.		
Tims Weg zum Zoo ist länger als sein Weg zum Schwimmbad.		
Der kürzeste Weg ist von der Schule zum Schwimmbad.		
Der längste Weg ist von Tim zum Zoo.		
Lisas Weg zum Bäcker ist länger als Tims Weg zur Schule.		
Tim läuft länger zum Supermarkt als Lisa zum Zoo.		
Der Weg von der Schule zum Schwimmbad ist halb so lang, wie der Weg vom Schwimmbad zu Lisa.		
Tim und Lisa treffen sich am Spielplatz. Tim kommt vom Fußballplatz und Lisa vom Schwimmbad. Lisa läuft weiter.		
Tims Weg zu Lisa ist doppelt so lang, wie sein Schulweg.		

KV 7 Unterwegs mit Lisa und Tim (2)

1 Lisa und Tim treffen sich am Nachmittag auf dem Spielplatz.
Frage: Wie viele Meter sind sie zusammen gelaufen?
Rechnung:

Antwort: _____

2 Lisa und Tim gehen zur Schule.
Frage: Wie viele Meter muss Lisa mehr laufen als Tim?
Rechnung:

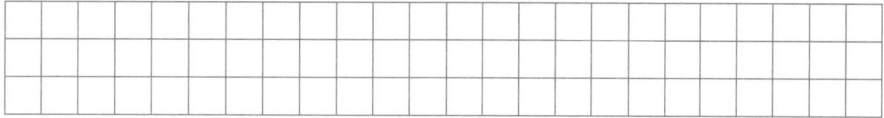

Antwort: _____

3 Lisa geht am Montag nach der Schule zum Schwimmtraining und anschließend nach Hause.
Frage: Wie viele Meter ist Lisa gelaufen, wenn sie wieder Zuhause ist?
Rechnung:

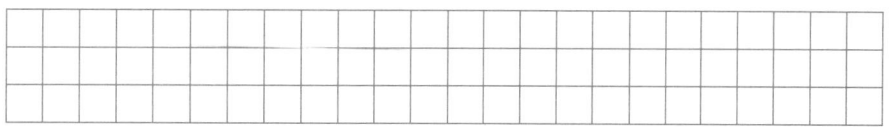

Antwort: _____

4 Lisa kauft am Morgen ein Brötchen beim Bäcker und geht dann zur Schule.
Frage: _____
Rechnung:

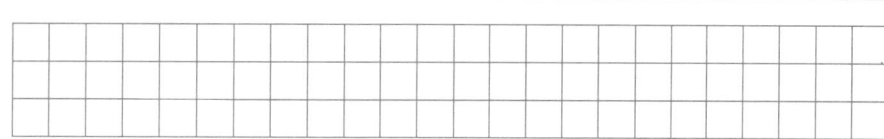

Antwort: _____

5 Tim läuft vor dem Fußballtraining zum Supermarkt, um sich ein Getränk zu kaufen.
Frage: _____
Rechnung:

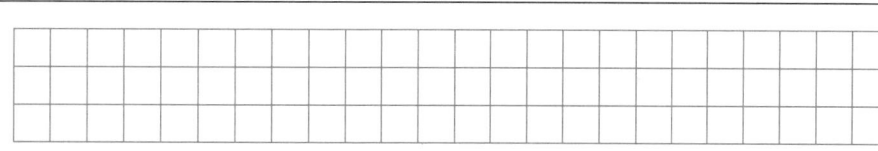

Antwort: _____

Bereich: Zahlen und Operationen

Wir wiederholen die schriftliche Addition mit Ziffernkarten.

Unterrichtsvorhaben für Anfang Klasse 4

Lernziele:
Die Schüler
- wiederholen und vertiefen die schriftliche Addition.
- kennen den Umgang mit Ziffernkarten und nutzen gezielt Zahlbeziehungen und ihr Wissen über das Stellenwertsystem zum Lösen mathematischer Problemstellungen.
- entwickeln handelnd und zielorientiert eigene Lösungsstrategien für mathematische Problemstellungen (Problemlösen/kreativ sein).
- schulen die prozessbezogenen Kompetenzen „Argumentieren" und „Darstellen/Kommunizieren".

Die ersten Schulwochen des vierten Schuljahres dienen der Wiederholung und Vertiefung der Inhalte des dritten Schuljahres. Als Lernvoraussetzung für dieses Unterrichtsvorhaben verfügen die Kinder über eine gesicherte Zahlvorstellung im Zahlenraum bis 1000 und das Verfahren der schriftlichen Addition.

Sequenz 1:
Wir finden kleine Summen.

Materialvorbereitung: Ziffernkartensatz von 0–9 als Klassensatz (Zusatz-KV) und Stellentafel (mögliche Alternative: laminierte Stellentafel und abwaschbare Folienstifte), Demonstrations-Ziffernkarten

Zum Einstieg benennen die Schüler das Thema und den Verlauf der Stunde.
In der Hinführungsphase wird den Kindern an der Tafel eine leere Stellentafel präsentiert und die Ziffernkarten von 0–9 daneben gehängt. Gemeinsam wird mit den Ziffernkarten eine schriftliche Additionsaufgabe gelegt und berechnet (Aufgabe mit Übertrag). Dabei werden sowohl die Regeln beim Umgang mit Ziffernkarten, als auch das Verfahren der schriftlichen Addition wiederholt und erste wichtige Begriffe auf einem Wortspeicherplakat (kann stetig erweitert werden) gesammelt:
- Regel: Jede Ziffernkarte/Ziffer darf nur einmal verwendet werden.

- Begriffe zum schriftlichen Addieren: addieren, Summand, Summe, Übertrag, stellengerecht untereinander, Einer, Zehner, Hunderter, Tausender.
- Weitere Begriffe, welche zur Versprachlichung der eigenen Strategien hilfreich sind: Zahl, Ziffer, dreistellige Zahl (keine Null an der Hunderterstelle), vertauschen, verändern, verkleinern, vergrößern, kleiner als, größer als, gleich.

Die Lehrkraft formuliert den Arbeitsauftrag für die Partnerarbeit. Die Kinder sollen möglichst kleine Summen bilden und dabei nach einer experimentellen Phase zunehmend strategisch vorgehen und diese Strategie versprachlichen (KV1). Dabei können sie auf Wörter des Wortspeichers zurückgreifen und diesen ggf. erweitern. Als Unterstützung sollen die Schüler mögliche Aufgaben mit Ziffernkarten (Zusatz-KV) in eine Stellentafel (Zusatz-KV) legen und diese anschließend auf die KV1 übertragen.
Anschließend kommen die Kinder in den Theaterkreis und bringen ihre Beispielaufgabe mit (KV1, Aufgabe 3). Diese werden an der Tafel gesammelt und präsentiert. Die Lehrkraft lenkt die Aufmerksamkeit auf einzelne Beispiele und lässt die Schüler vermuten, nach welcher Strategie vorgegangen wurde. Danach erläutern einige Paare ihr Vorgehen, wobei der Wortspeicher genutzt und erweitert werden kann.

Sequenz 2:
Wir finden große Summen.

Materialvorbereitung: Ziffernkartensatz von 0–9 als Klassensatz (Zusatz-KV), Demonstrations-Ziffernkarten

Zum Einstieg sitzen die Kinder im Theaterkreis und aktivieren ihr Vorwissen, indem sie die Erkenntnisse der Vorstunde wiedergeben. Dazu bilden sie eine Aufgabe mit der kleinstmöglichen Summe und erläutern ihr Vorgehen. Anschließend benennen die Schüler das Thema und den Verlauf der Stunde.
Im Anschluss erhalten die Kinder die Aufgabe, möglichst große Summen zu finden. Dabei sollen sie ihr Vorwissen nutzen und strategisch vorgehen.
Anschließend bearbeiten die Schüler die KV2 in Partnerarbeit. Auch hierbei sollen sie die Ziffernkarten und die Stellentafel als Unterstützung nutzen und ihre Beispielaufgabe auf einer großen Stellentafel notiert (KV2, Aufgabe 3) mit zur Reflexion bringen.
In der Reflexionsphase präsentieren einzelne Paare ihre Lösung und im gemeinsamen Gespräch werden

Strategien herausgearbeitet. Danach vergleichen die Kinder alle Lösungen und sortieren die niedrigeren Summen (größtmögliche Summe 1839) aus. Die übrigen Aufgaben werden in den Fokus genommen und zueinander in Beziehung gesetzt. Im Gespräch wird erarbeitet:

- Alle Aufgaben bestehen aus den größten sechs Ziffern.
- Die größten Ziffern befinden sich an der Hunderterstelle.
- Die Ziffern werden von vorne (Hunderterstelle) bis hinten (Einerstelle) bei beiden Summanden kleiner.
- Verschiedene Aufgaben erhält man, wenn man die Ziffern beider Summanden innerhalb einer Stelle vertauscht.

Sequenz 3:
Wir treffen genau die 1000.

Materialvorbereitung: Ziffernkartensatz von 0–9 als Klassensatz (Zusatz-KV), Demonstrations-Ziffernkarten

Einstieg (s. Sequenz 1).
Zu Beginn werden die Erkenntnisse der Vorstunden bewusst gemacht, indem sowohl eine kleine, als auch eine große Summe gebildet wird und die dazu genutzten Strategien und Erkenntnisse wiederholt werden.
In der Hinführungsphase formuliert die Lehrkraft die Aufgabenstellung: „Finde clever Additionsaufgaben mit der Summe 1000!" Dabei verdeutlicht die Lehrkraft durch das Wort clever, dass die Schüler ihr Vorwissen gezielt einsetzen und eine Strategie zur Lösung entwickeln sollen. Im Theaterkreis wird der Arbeitsauftrag exemplarisch durchgeführt, um einen reibungslosen Einstieg in die Arbeitsphase zu gewährleisten. Dabei arbeiten die Kinder zunächst in Einzelarbeit an der KV3, um sich anschließend in einer möglichen Mathekonferenz mit 1–2 Mitschülern über Vorgehensweisen und Lösungen auszutauschen.
Zur Abschlussreflexion kommen alle Kinder mit ihrem Arbeitsblatt in den Theaterkreis. Eine erste Aufgabe zur Summe 1000 wird mithilfe der Demonstrations-Ziffernkarten gelegt und dabei eine erste mögliche Vorgehensweise vorgestellt. Als Impuls fordert die Lehrkraft die Schüler dazu auf, durch cleveres Vorgehen weitere Aufgaben mit der Summe 1000 zu entwickeln:

- Aufgrund des notwendigen Übertrags muss die Summe der Einerstelle 10, der Zehnerstelle 9 und

der Hunderterstelle ebenfalls 9 ergeben (Strategie: Übertrag).
- Neue Aufgaben entwickelt man durch die Strategie des Vertauschens von Ziffern innerhalb einer Stelle.

Mögliche Tipps auf dem Lösungsweg:
- Welche Zahlen ergeben zusammen 10?
- Rechne beim schriftlichen Addieren von rechts nach links.
- Wie erreichst du eine 0 an der Einer-, Zehner- und Hunderterstelle?

Das Aufgabenformat IRI-Zahlen bietet sich zur Wiederholung der schriftlichen Subtraktion an. Neben dem strukturierten Üben, gibt es viele Möglichkeiten Muster und Zusammenhänge zu entdecken.

KV 1 Mit Ziffernkarten kleine Summen bilden

1 Findet Additionsaufgaben mit möglichst kleinen Summen.
Legt jede Aufgabe zunächst mit Ziffernkarten. Übertragt die
Aufgabe auf das Arbeitsblatt und löst sie.

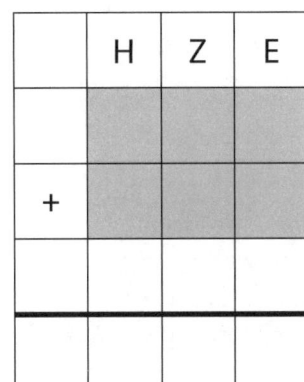

2 Mit welcher Strategie kannst du die kleinste Summe bilden?
Markiere wichtige Stellen in der Aufgabe und beschreibe dein
Vorgehen.

Bünker / Vollmer • Fachfremd unterrichten Mathematik 3/4 • Vignettenzeichnungen: Stefan Giertzsch

Name: _____   Datum: _____

KV 2 Mit Ziffernkarten große Summen bilden

(1) **Findet Additionsaufgaben mit möglichst großen Summen.**

Legt jede Aufgabe zunächst mit Ziffernkarten. Übertragt die Aufgabe auf das Arbeitsblatt und löst sie.

Was ist die größte Summe? Gibt es mehrere Aufgaben zu dieser Summe?

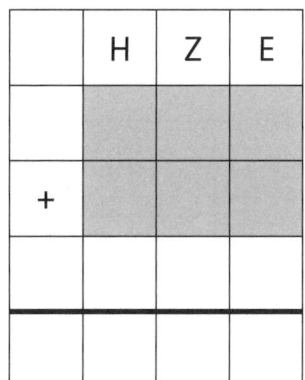
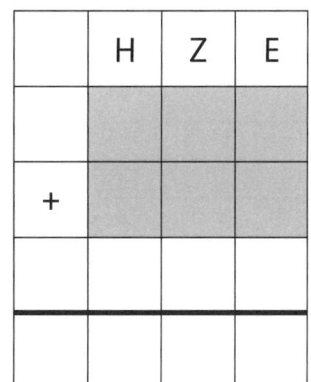

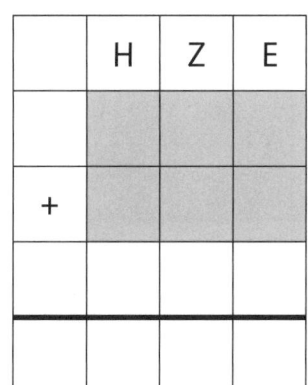

(2) **Mit welcher Strategie kannst du die größte Summe bilden?**

Markiere wichtige Stellen in der Aufgabe und beschreibe dein Vorgehen.

_____

_____

_____

_____

_____

(3) **Nehmt euch eine große Stellentafel und tragt euer Beispiel mit den Markierungen dort ein. Bringt diese Aufgabe zur Besprechung mit.**

KV 3 Die Summe 1000 treffen

1 Findet Additionsaufgaben mit der Summe 1000.

Geht dabei clever vor und nutzt euer Wissen zum Addieren mit Ziffernkarten.

Markiert Summen rot, die zu groß oder zu klein sind.

Was musst du ändern?

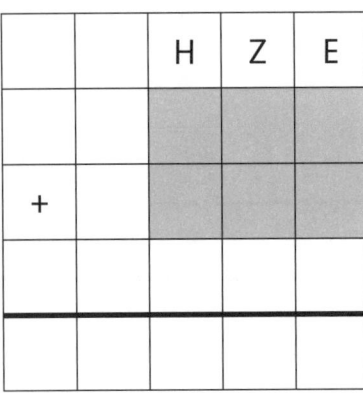

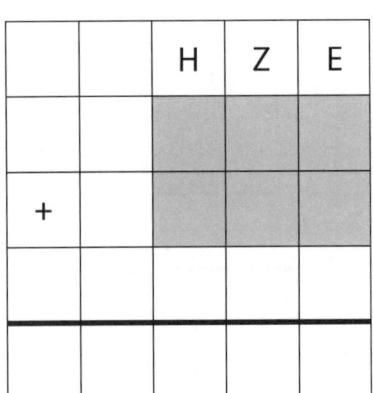

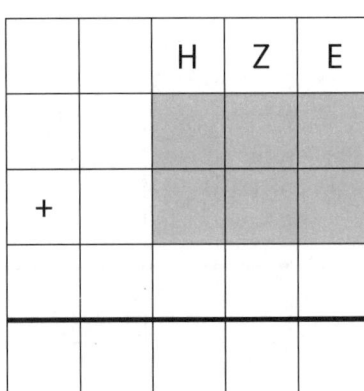

2 Mit welcher Strategie kannst du die Summe 1000 bilden?

Markiere wichtige Stellen in der Aufgabe und beschreibe dein Vorgehen.

Bünker / Vollmer • Fachfremd unterrichten Mathematik 3/4 • Vignettenzeichnungen: Stefan Giertzsch

Bereich: Zahlen und Operationen

Wir erweitern unseren Zahlenraum: Mengenvorstellung.

Unterrichtsvorhaben für Anfang Klasse 4

Lernziele:
Die Schüler

- stellen Zahlen im Zahlenraum bis 10 000 unter Anwendung der Struktur des Zehnersystems dar.
- wechseln zwischen verschiedenen Zahldarstellungen und erläutern Gemeinsamkeiten und Unterschiede.
- nutzen Strukturen in Zahldarstellungen zur Anzahlerfassung im Zahlenraum bis 10 000.
- lösen erste Aufgaben im erweiterten Zahlenraum (Zerlegungsaufgaben, Rechnen mit Stufenzahlen).
- schulen die prozessbezogenen Kompetenzen „Problemlösen" (Zusammenhänge erkennen, nutzen und auf ähnliche Sachverhalte übertragen), „Darstellen" (Darstellungen miteinander vergleichen und bewerten) und „Kommunizieren" (nutzen mathematische Fachbegriffe wie Einer, Zehner, Hunderter, Tausender, Zehntausender, Vorgänger, Nachfolger, Nachbarzehner, Nachbarhunderter, Nachbartausender sachgerecht; eigene Lösungswege für andere nachvollziehbar beschreiben).

In dieser Unterrichtseinheit steht die Entwicklung einer gesicherten Mengenvorstellung im Zahlenraum bis 10 000 im Fokus, bevor in weiteren Schritten analog der Zahlenraum bis 100 000 und 1 000 000 erweitert wird.

Im Zahlenraum bis 10 000 ist die Menge mithilfe von Material noch darstellbar. Daher gilt es, in diesem Bereich eine gesicherte Mengenvorstellung zu entwickeln und die Struktur unseres dezimalen Zahlensystems zu erweitern und zu festigen. Als Demonstrations- und Arbeitsmaterialien bieten sich sowohl die Mehr-System-Blöcke nach Dienes, als auch Zehntausenderfelder, Tausenderstreifen, Hunderterfelder, Zehnerstreifen und Einerplättchen an. Diese Materialien können mithilfe der KV aus dem 3. und 4. Schuljahr (Zahlenraumerweiterung) erstellt werden.

Sequenz 1:
Wir rechnen mit Tausenderzahlen.

Materialvorbereitung: Tausenderwürfel und Tausenderstreifen (gebastelt aus Hunderterfeldern von KV1 – Zahlraumerweiterung aus Klasse 3), Zahlenkarten mit Tausenderzahlen, Zahlwörter, KV1 als halben Klassensatz kopieren und laminieren

Zum Einstieg benennen die Schüler das Thema/Ziel und den Verlauf der Stunde.
In der Hinführungsphase kommen alle Schüler in den Theaterkreis zusammen. Die Lehrkraft präsentiert als stillen Impuls das oben aufgeführte Material. Die Kinder beginnen Zusammenhänge herzustellen und Zuordnungen zu beschreiben. Anschließend werden die Zahlwörter und Zahlenkarten der Größe nach sortiert. Dabei ist es wichtig, den Aufbau der Tausenderzahlen visuell zu verdeutlichen, indem über Zahl und Zahlwort die Menge mithilfe von Tausenderstreifen präsentiert wird. Auf diese Weise wird nach und nach das Zehntausenderfeld aufgebaut (s. KV1). Am Beispiel der Tausenderzahlen 3000 und 4000 wird der Aufbau der Tausenderzahlen verdeutlicht, z.B. dreitausend bestehen aus 3 Tausendern; die Zahlen werden immer um einen Tausender größer.
Anschließend werden erste Aufgaben mit Tausenderzahlen an die Tafel geschrieben und von den Schülern gelöst, wobei sie ihr Vorgehen versprachlichen. Bei Bedarf kann die Lehrkraft das Rechnen mit Hilfe von Analogien („Mit Tausendern rechnen wie mit Einern.") thematisieren.
Im Anschluss bearbeiten die Kinder die KV2.
Zum Schluss der Stunde bekommen je zwei Kinder die KV1 (laminiert). In einer Partnerarbeit müssen sie abwechselnd Tausenderzahlen nennen und sich vom Partner zeigen lassen.

Sequenz 2:
Wir erkunden die Zahlen bis 10 000.

Materialvorbereitung: Material zur Zahldarstellung (KV1 als Folie für den OHP und als halber Klassensatz kopiert und laminiert), Folienstifte in verschiedenen Farben für die Präsentation und die Partnerarbeit

Einstieg (s. Sequenz 1)
In der Hinführungsphase präsentiert die Lehrkraft am OHP Tausenderzahlen mithilfe des Zehntausenderfeldes (Blitzblick) und die Kinder aktivieren ihr Vorwissen und beschreiben die Struktur des Feldes. Mithilfe des Folienstiftes markiert die Lehrkraft eine Zahl, indem sie alle Stellenwerte der Zahl mit verschiedenen Farben markiert (z.B. 4 Tausenderstreifen, 5 Hunderterfelder, 2 Zehnerstreifen und 1 Einer-

punkt). Die Schüler benennen die einzelnen Mengen und übertragen diese gemeinsam in eine Stellenwerttafel. Außerdem wird die passende Stellenwert und Zerlegungsaufgabe an der Tafel notiert (s. KV3). Im Anschluss daran erhalten je zwei Kinder die KV1 in laminierter Form und einen Folienstift. In einer Partnerarbeit müssen sie abwechselnd Zahlen am Zehntausenderfeld einzeichnen und sich diese vom Partner nennen lassen. Außerdem wird die Zahl in die Stellenwerttafel eingetragen und die Stellenwert- und Zerlegungsaufgabe notiert.

In der Arbeitsphase bearbeiten die Kinder die KV3. Im Anschluss werden in der Reflexionsphase die Aufgaben 3 und 4 von KV3 im Plenum besprochen. Bei Aufgabe 3 kommt es darauf an, dass die Ergebniszahlen richtig gelesen werden, wobei insbesondere das Auffüllen mit Nullen thematisiert werden sollte. Bei Aufgabe 4 bespricht die Lehrkraft mithilfe von Demonstrationsmaterial die Bündelung von Zahlen, indem sie verdeutlicht, dass aus 10 Einern 1 Zehner wird und somit höchstens 9 Einer in die Einerspalte der Stellenwerttafel sein können. Analog verfährt sie mit den Zehnern, Hundertern und Tausendern.

Die KV4 dient als Hausaufgabe.

Sequenz 3:
Wir lösen Zahlenrätsel.

Materialvorbereitung: Zahlenkarten von 0–9 für jedes Kind (Zusatz-KV), Blanko-Folie für den OHP, Taschenrechner als halber Klassensatz für eine Partnerarbeit, ca. fünf kleine Zettel pro Schüler

Einstieg (s. Sequenz 1)
Zu Beginn erhalten je zwei Schüler einen Taschenrechner und zehn kleine Blanko-Zettel. Jeder notiert jeweils fünf Zahlen im Zahlenraum bis 10 000. Anschließend liest jeder abwechselnd eine Zahl vor und der Partner muss diese in den Taschenrechner eingeben (Zahlendiktat). Danach werden beide Zahlen miteinander verglichen. Da häufig die Problematik auftritt, dass Kinder die Einerstelle zeitlich vor der Zehnerstelle notieren und somit beim Schreiben größerer Zahlen vermehrt Sprünge erfolgen müssen, ist es vor dem Eintritt in den Zahlenraum bis 100 000 wichtig, die richtige Schreibabfolge zu trainieren. Dafür bietet sich der Taschenrechner an, da hier die Zahlen in einer festen Reihenfolge eingegeben werden müssen. Ebenso bieten auch verschiedene Lernprogramme Zahlendiktate an (z.B. Lernwerkstatt).

In der Hinführungsphase kommen die Kinder in den Theaterkreis. Verdeckt stehen zwei Zahlenrätsel an der Tafel. Die Lehrkraft deckt diese nacheinander auf und die Schüler äußern sich spontan dazu. Zunächst werden Begrifflichkeiten erläutert und anschließend erste Lösungsstrategien probiert. Folgende Zahlenrätsel bieten sich zur Vorbereitung auf die Arbeitsphase an:

Zahlenrätsel 1 – Die Zahl hat 6 Tausender, halb so viele Hunderter, 2 Zehner und doppelt so viele Einer.
Hierbei ist es wichtig, die Begriffe doppelt und halb zu erklären. Es bietet sich an, vier Platzhalterstriche (T H Z E) zu notieren und nach den ersten sicheren und sofort umsetzbaren Informationen zu suchen und diese einzusetzen (6T, 2Z). Von dort aus werden weitere Informationen rechnerisch verarbeitet und notiert.

Zahlenrätsel 2 – Du hast die Ziffernkarten 0, 3, 8, 9. Bilde daraus jeweils die kleinste und größte vierstellige Zahl.
Hierbei ist es wichtig, den Begriff vierstellig zu erläutern. Dies hat zur Folge, dass die Ziffer 0 nicht an der Tausenderstelle eingetragen werden kann. Im Gespräch wird auf den Begriff Stellenwert eingegangen, der bei der Lösungsfindung und deren Begründung berücksichtigt werden muss. Als Regel wird festgelegt, dass jede Ziffern nur einmal genutzt werden darf. Ggf. können weitere Rätsel zu diesen Ziffernkarten gestellt werden, z. B.:

* Finde Zahlen, die möglichst nah an 9000 liegen.
* Bilde die kleinste und größte gerade/ungerade Zahl.
* Finde alle Zahlen, die du mit diesen Ziffernkarten legen kannst.

In der Arbeitsphase bearbeiten die Schüler die KV5. Als Differenzierungsmöglichkeit können die Kinder auch eigene Zahlenrätsel erfinden.

Zum Abschluss werden die Lösungsstrategien und Ergebnisse der Rätsel besprochen und begründet.

Sequenz 4:
Wir legen Plättchen in eine Stellenwerttafel.

Materialvorbereitung: Wendeplättchen für die Tafel und die Kinderhand, Stellenwerttafel 2 (Zusatz-KV) als Klassensatz (ggf. laminieren)

Einstieg (s. Sequenz 1)
In der Hinführungsphase kommen die Schüler in den Theaterkreis. An der Tafel befinden sich drei

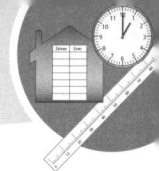

Wendeplättchen. Die Lehrkraft erinnert die Kinder daran, dass man Zahlen auch mit Plättchen in einer Stellenwerttafel darstellen kann. Die Aufgabe besteht nun darin, alle möglichen vierstelligen Zahlen mit der Quersumme 3 (mit Hilfe der drei Plättchen) zu legen. Ggf. muss der Begriff der Quersumme erarbeitet werden. Im Anschluss daran werden Zahlen sortiert, um begründen zu können, ob alle Möglichkeiten gefunden wurden. Dabei bietet es sich an, die Zahlen der Größe nach zu sortieren.

Im Anschluss bearbeiten die Kinder die KV6.

In der Reflexion werden die Aufgaben 3 und 4 gemeinsam an der Tafel besprochen. Hier bietet es sich an, die passende Stufenaufgabe zu notieren, um auf die nächste Stunde vorzubereiten.

Im Anschluss an diese Sequenz bietet es sich an, weiterführende kombinatorische Aufgabenstellungen mit Wendeplättchen zu bearbeiten (s. Beispiele aus Zahlenraumerweiterung Klasse 3).

Sequenz 5:
Wir rechnen bis 10 000.

Materialvorbereitung: Wendeplättchen für die Tafel

Einstieg (s. Sequenz 1)
In der Hinführungsphase kommen die Kinder in den Theaterkreis. An der Tafel sehen sie eine Stellenwerttafel mit roten Wendeplättchen, welche die Zahl 3000 darstellt. Die Lehrkraft legt z. B. vier blaue Wendeplättchen an der Tausenderstelle dazu. Die Kinder benennen sowohl die passende Stellenwertaufgabe (4T + 3T = 7T), als auch die entsprechende Additionsaufgabe (4000 + 3000 = 7000), welche die Lehrkraft an der Tafel notiert. Anschließend erweitert sie den 2. Summanden um Plättchen in der Hunderterspalte und bespricht mit den Kindern die Veränderung. Auch diese Aufgabe wird wieder an der Tafel festgehalten. Analog dazu erfolgt dies auch mit der Zehner- und Einerspalte. Ein entsprechendes Beispiel kann auch für eine Subtraktionsaufgabe an der Tafel durchgeführt werden.

Durch weitere Aufgaben, bei denen entweder Tausender, Hunderter, Zehner oder Einer (ohne Überschreitung) addiert bzw. subtrahiert werden, sollen die Kinder angeleitet werden, ihren Aufgabenblick zu schärfen und sowohl auf das Rechenzeichen als auch auf die Rechenwerte zu achten. Kinder, die noch kein gesichertes Mengenverständnis haben, sollte zur Bearbeitung der Aufgaben immer Material zur Verfügung stehen.

In der Arbeitsphase bearbeiten die Kinder die KV7.

Sequenz 6:
Wir orientieren uns am Zahlenstrahl.

Materialvorbereitung: KV8 als Folie am OHP

Einstieg (s. Sequenz 1)
In der Hinführungsphase präsentiert die Lehrkraft einen Zahlenstrahl am OHP (KV8). Gemeinsam werden nacheinander die Zahlenstrahle von Aufgabe 1 bis 3 betrachtet. Dabei wird die Einteilung des Zahlenstrahls genauer betrachtet und festgestellt, dass

- der Zahlenstrahl von Aufgabe 1 in Hunderterschritten,
- der Zahlenstrahl von Aufgabe 2 in Zehnerschritten und
- der Zahlenstrahl von Aufgabe 3 in Einerschritten angelegt ist.

Nachdem diese Einteilung eines Zahlenstrahls erarbeitet wurde, markiert die Lehrkraft nacheinander eine Stelle, welche die Kinder benennen und dabei ihr Vorgehen erläutern sollen.

Anschließend bearbeiten die Schüler die KV8.

Im Anschluss an die Arbeitsphase treffen sich jeweils zwei Kinder, um die Lösungen zu vergleichen. Als Zusatzaufgabe können sie gegenseitig Zahlen am Zahlenstrahl zeigen und benennen oder Zählübungen (Hunderter-, Zehner- und Einerschritte) mihilfe der Zahlenstrahle von Aufgabe 1 bis 3 durchführen.

Sequenz 7:
Wir springen zu den Nachbarzahlen.

Materialvorbereitung: KV8 als Folie am OHP

Einstieg (s. Sequenz 1)
Zur Hinführung präsentiert die Lehrkraft einen Zahlenstrahl-Ausschnitt (Aufgabe 3 von KV8), an dem Sie drei Zahlen mithilfe von Platzhalterkästchen markieren. An die Tafel zeichnet die Lehrkraft eine Tabelle mit den Angaben Zahl, Vorgänger (V) und Nachfolger (N). Gemeinsam werden die Platzhalterkästchen und die Tabelle an der Tafel ausgefüllt. Analog dazu werden Tabellen mit den Nachbarzehnern (Ausschnitt von Aufgabe 3 von KV8), Nachbarhundertern (Ausschnitt von Aufgabe 2 von KV8) und Nachbartausendern (Ausschnitt von Aufgabe 1 von KV8) bearbeitet. Bei diesen Aufgabenstellungen sollte zusätzlich der näherliegende Nachbarzehner, -hunderter und -tausender eingekreist werden.

In der Arbeitsphase bearbeiten die Schüler die KV9.

In der Reflexion werden die Aufgaben zu den Sprüngen von KV9 im Plenum besprochen. KV10 kann als Hausaufgabe genutzt werden.

Sequenz 8:
Wir ordnen und vergleichen Zahlen.

Materialvorbereitung: kleine Zettel (ca. Din A6), dicker Filzstift, Größer-/Kleiner- und Gleichheitszeichen

Einstieg (s. Sequenz 1)

Zur Einstimmung würde sich anbieten, dass die Kinder in Partnerarbeit das Spiel „Hohe/Niedrige Hausnummer" spielen.

In der Hinführungsphase kommen die Schüler im Theaterkreis zusammen. Die Lehrkraft fordert die Kinder auf, 5 verschiedene Zahlen im Zahlenraum bis 10 000 an die Tafel zu schreiben. Anschließend werden diese Zahlen der Größe nach sortiert. Dabei werden Hinweise gesammelt, die man beim Vergleichen von Zahlen anwendet. Hierbei wird erneut über die Bedeutung der Stellenwerte gesprochen, welche die Grundlage über die Reihenfolge der Zahlbetrachtung beim Zahlenvergleich darstellen. So genügt ein Blick auf die Tausenderstelle, sofern diese Ziffern unterschiedlich sind. Bei Zifferngleichheit werden die darauffolgenden Stellenwerte näher betrachtet. Außerdem gibt das Größer- bzw. Kleinerzeichen beim Notieren an, ob mit der größten bzw. kleinsten Zahl begonnen wird.

Anschließend bearbeiten die Schüler die KV11.

Zum Abschluss spielt die ganze Klasse das Spiel Mister X. Zum Einstieg fängt die Lehrkraft an und überlegt sich eine Zahl. Die Kinder müssen durch Erfragen diese Zahl finden. Dabei gibt die Lehrkraft Tipps, wie zum Beispiel:

- Meine Zahl ist kleiner.
- Meine Zahl ist größer.
- Meine Zahl liegt zwischen … und …
- Der nächstgelegene Tausender/Hunderter/Zehner ist …
- Mein Nachbarzehner/-hunderter/-tausender ist …

Anschließend kann auch ein Schüler die Aufgabe der Lehrkraft übernehmen.

KV 1 Zehntausenderfeld

ZT	T	H	Z	E

_____

_____

Bünker / Vollmer • Fachfremd unterrichten Mathematik 3/4 • Vignetten- u. Sachzeichnungen: Stefan Giertzsch

KV 2 Rechnen mit Tausenderzahlen

1

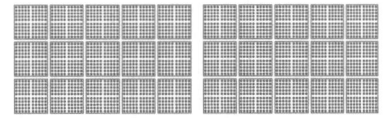 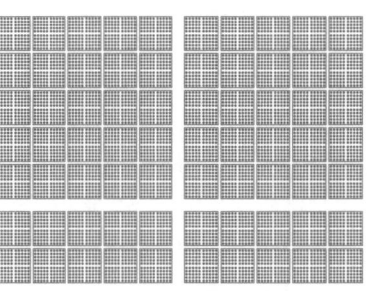 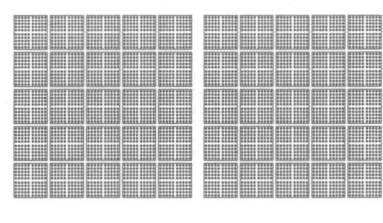
 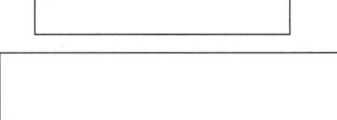

| 3000 | | |
| dreitausend | | |

2 **Addieren mit Tausenderzahlen.**

2000 + 1000 = ☐   7000 + 2000 = ☐   4000 + 4000 = ☐

3000 + 2000 = ☐   6000 + 3000 = ☐   3000 + 3000 = ☐

5000 + 4000 = ☐   2000 + 4000 = ☐   5000 + 5000 = ☐

4000 + 3000 = ☐   8000 + 2000 = ☐   1000 + 6000 = ☐

3 **Subtrahieren mit Tausenderzahlen.**

4000 − 1000 = ☐   10000 − 9000 = ☐   8000 − 4000 = ☐

5000 − 2000 = ☐   9000 − 3000 = ☐   5000 − 3000 = ☐

6000 − 4000 = ☐   7000 − 5000 = ☐   6000 − 6000 = ☐

8000 − 3000 = ☐   3000 − 2000 = ☐   9000 − 7000 = ☐

4 **Ergänzen mit Tausenderzahlen.**

6000 + ☐ = 8000   7000 − ☐ = 5000

2000 + ☐ = 6000   9000 − ☐ = 6000

5000 + ☐ = 10000   10000 − ☐ = 7000

7000 + ☐ = 10000   10000 − ☐ = 1000

Bünker / Vollmer • Fachfremd unterrichten Mathematik 3/4 • Vignetten- u. Sachzeichnungen: Stefan Giertzsch

KV 3 Zahlen bis 10 000

(1)

T	H	Z	E
4	3	5	8

4T + 3H + 5Z + 8E

4000 + 300 + 50 + 8 = 4358

T	H	Z	E
2	9	4	0

_____

T	H	Z	E
7	6	9	1

_____

_____

T	H	Z	E
9	1	0	6

_____

_____

(2)

5T + 3H + 7Z + 2E

5000 + 300 + 70 + 2 = 5372

3T + 5Z + 5E

8T + 1H + 4Z + 9E

_____

1T + 8H + 3E

_____

(3)

4T + 3H + 9Z + 1E

7T + 5H + 2Z + 8E

1H + 7Z + 3E + 2T

6Z + 4H + 8T

5E + 1Z + 9T

T	H	Z	E

3E + 4T

7H + 8Z

3Z + 6T

5E + 4H

8T + 1E

T	H	Z	E

(4)

12E = _1Z + 2E_   15Z = _1H + 5Z_   34H = _3T + 4H_

25E = _____   31Z = _____   63H = _____

41E = _____   52Z = _____   58H = _____

Bünker / Vollmer • Fachfremd unterrichten Mathematik 3/4 • Vignettenzeichnungen: Stefan Giertzsch

KV 4 Zahlen bis 10 000 zerlegen und zusammensetzen

(1) Welche Zahl ist es?

4 000 + 700 + 30 + 5 = _____   6 000 + 400 + 20 + 8 = _____

7 000 + 100 + 50 + 4 = _____   3 000 + 900 + 70 + 2 = _____

1 000 + 200 + 80 + 3 = _____   5 000 + 600 + 50 + 1 = _____

5 000 + 300 + 9 = _____   800 + 3 + 9 000 + 40 = _____

8 000 + 20 + 7 = _____   50 + 2 000 + 500 + 6 = _____

4 000 + 900 + 8 = _____   5 + 400 + 20 + 7 000 = _____

(2) Zerlege nun die Zahlen. Schaue dir das Beispiel an.

2 735 = _2 000 + 700 + 30 + 5_   5 741 = _____

6 357 = _____   9 419 = _____

3 801 = _____   7 650 = _____

4 926 = _____   1 084 = _____

(3) Ergänze die fehlenden Tausender, Hunderter, Zehner und Einer.

4 719 = 4 000 + _____ + 10 + ___   8 534 = _____ + 500 + 30 + ___

7 498 = _____ + 400 + _____ + 8   3 815 = 3 000 + _____ + _____ + 5

1 687 = 1 000 + _____ + 80 + ___   9 571 = _____ + 500 + _____ + 1

6 274 = _____ + 200 + _____ + ___   2 439 = _____ + _____ + _____ + ___

(4) Was gehört zusammen? Male in der gleichen Farbe aus.

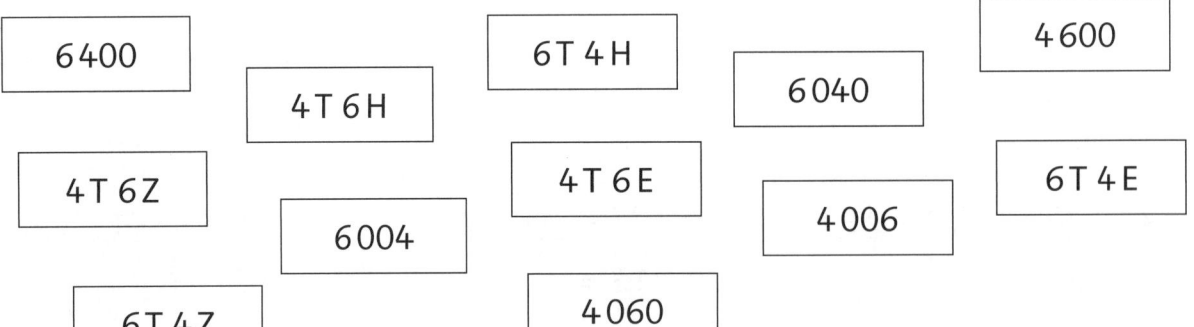

6 400   6 T 4 H   4 600

4 T 6 H   6 040

4 T 6 Z   4 T 6 E   6 T 4 E

6 004   4 006

6 T 4 Z   4 060

Bünker / Vollmer • Fachfremd unterrichten Mathematik 3/4 • Vignettenzeichnungen: Stefan Giertzsch

KV 5 Zahlenrätsel und Knobeleien mit Ziffernkarten

1 Die Zahl hat 7 Tausender, 6 Zehner, 2 Einer und 3 Hunderter.

_____

2 Die Zahl hat 9 Tausender und 4 Einer.

_____

3 Die Zahl hat 8 Einer, halb so viele Tausender, 2 Zehner und doppelt so viele Hunderter wie Zehner.

_____

4 Die Zahl ist größer als 4 000 und kleiner als 4100. Sie hat 8 Zehner und einen Einer weniger als Zehner.

_____

5 Die Zahl hat 5 Einer und doppelt so viele Hunderter.

_____

6 Die Zahl hat 4 gleiche Ziffern. Finde alle Möglichkeiten..

_____

_____

_____

7 Knobel nun mit den Ziffernkarten: | 1 | 2 | 5 | 8 |

Finde alle vierstelligen Zahlen mit den Ziffernkarten.

_____

_____

_____

_____

Bilde die kleinste ungerade Zahl.

_____

Bilde die größte gerade Zahl.

_____

8 Überlege dir ein eigenes Zahlenrätsel.

_____

_____

Name: _____   Datum: _____

KV 6 Zahlen mit Plättchen legen

1

T	H	Z	E

5T + 3H + 6Z + 2E = 5362

T	H	Z	E

_____

T	H	Z	E

_____

T	H	Z	E

_____

2

T	H	Z	E

7431

T	H	Z	E

3098

3 Lege die Zahl.
Lege ein Plättchen dazu.
Welche Zahlen können entstehen?
Finde alle Möglichkeiten.

T	H	Z	E

_____

_____

Lege die Zahl.
Nimm ein Plättchen weg.
Welche Zahlen können entstehen?
Finde alle Möglichkeiten.

T	H	Z	E

_____

_____

Bünker / Vollmer · Fachfremd unterrichten Mathematik 3/4 · Vignetten- u. Sachzeichnungen: Stefan Giertzsch

KV 7 Rechnen bis 10 000

(1)

3	0	0	0	+	2	0	0	0	=			
3	0	0	0	+	2	5	0	0	=			
3	0	0	0	+	2	5	1	0	=			
3	0	0	0	+	2	5	1	9	=			

5	0	0	0	+	3	0	0	0	=			
5	0	0	0	+	3	1	0	0	=			
5	0	0	0	+	3	1	7	0	=			
5	0	0	0	+	3	1	7	4	=			

2	6	0	0	+	4	0	0	0	=			
2	6	0	0	+	4	2	0	0	=			
2	6	0	0	+	4	2	3	0	=			
2	6	0	0	+	4	2	3	8	=			

7	1	5	0	+	1	0	0	0	=			
7	1	5	0	+	1	3	0	0	=			
7	1	5	0	+	1	3	2	0	=			
7	1	5	0	+	1	3	2	6	=			

(2)

9	0	0	0	−	5	0	0	0	=			
9	0	0	0	−	5	6	0	0	=			
9	0	0	0	−	5	6	1	0	=			
9	0	0	0	−	5	6	1	5	=			

8	0	0	0	−	4	0	0	0	=			
8	0	0	0	−	4	7	0	0	=			
8	0	0	0	−	4	7	6	0	=			
8	0	0	0	−	4	7	6	1	=			

4	7	0	0	−	1	0	0	0	=			
4	7	0	0	−	1	4	0	0	=			
4	7	0	0	−	1	4	5	0	=			
4	7	0	0	−	1	4	5	9	=			

6	9	0	0	−	3	0	0	0	=			
6	9	0	0	−	3	5	0	0	=			
6	9	0	0	−	3	5	2	0	=			
6	9	0	0	−	3	5	2	3	=			

(3)

+	30	300	3 000
1 640			
3 150			
7 070			

−	50	500	5 000
8 560			
5 970			
9 550			

(4)

3	4	6	0	+	5	0	0	0	=			
2	7	5	0	+		2	0	0	=			
6	1	2	0	+			7	0	=			
8	5	3	0	+		4	1	0	=			
1	6	4	0	+	2	3	0	0	=			
5	3	1	0	+	4	0	0	5	=			

5	9	3	0	−		6	0	0	=			
7	4	5	0	−	2	0	0	0	=			
4	2	8	0	−			4	0	=			
9	1	9	0	−	5	0	7	0	=			
3	0	7	0	−			2	5	=			
8	5	6	0	−	7	5	0	0	=			

(5)

5	0	0	0	+					=	1	0	0	0	0
2	7	5	0	+					=	1	0	0	0	0
6	1	2	0	+					=	1	0	0	0	0
8	5	3	0	+					=	1	0	0	0	0

1	0	0	0	0	−					=	3	0	0	0
1	0	0	0	0	−					=	3	5	0	0
1	0	0	0	0	−					=	3	5	6	0
1	0	0	0	0	−					=	3	5	6	1

KV 8 Zahlenstrahl

1

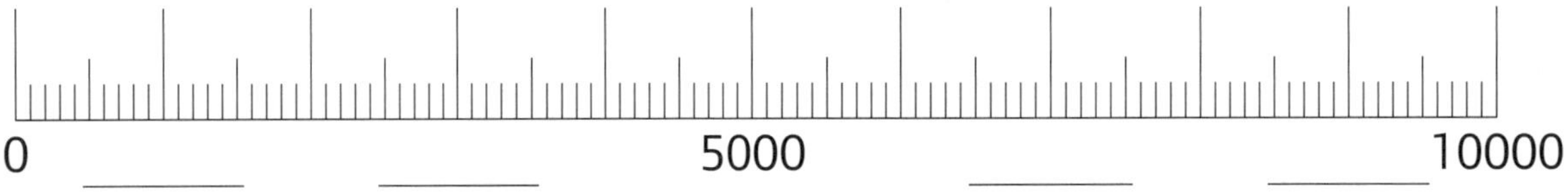

0   5000   10000

2

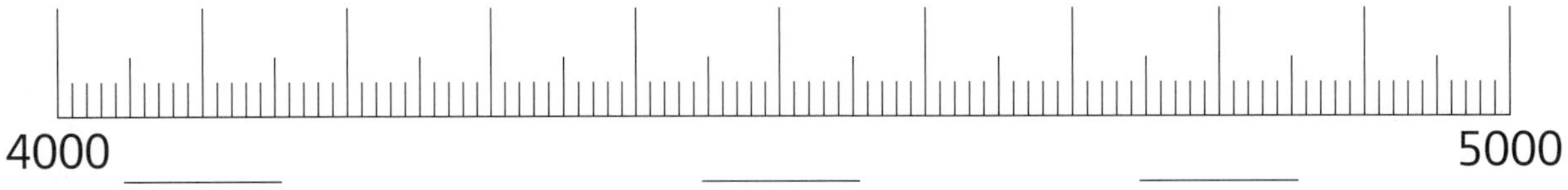

4000   5000

3

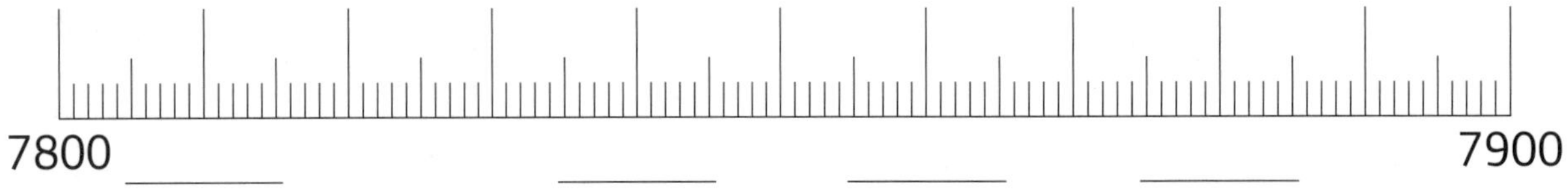

7800   7900

4

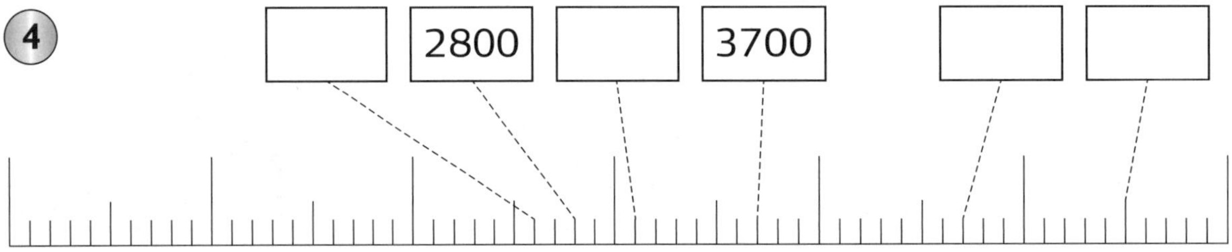

| | 2800 | | 3700 | | |

5

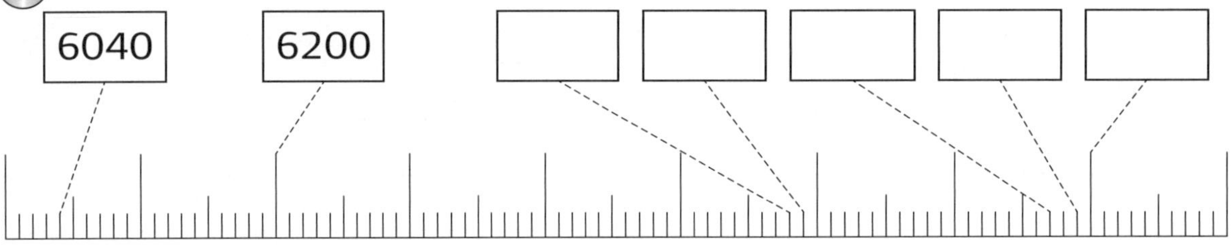

| 6040 | 6200 | | | | | |

6

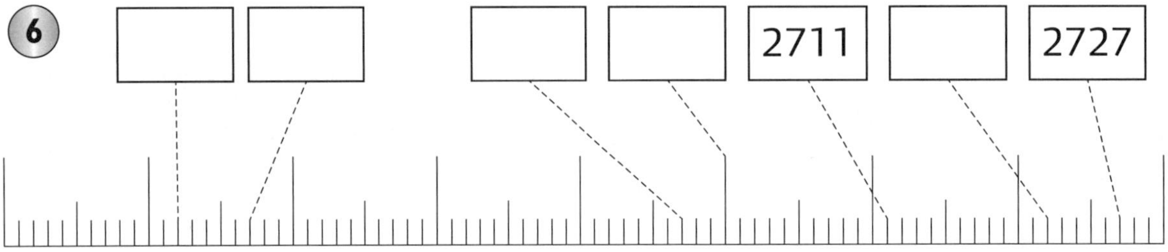

| | | | | 2711 | | 2727 |

7

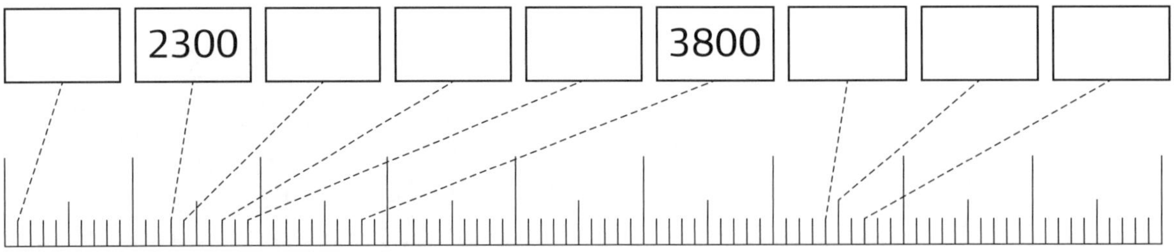

| | 2300 | | | | 3800 | | | |

Bünker / Vollmer • Fachfremd unterrichten Mathematik 3/4 • Vignetten- u. Sachzeichnungen: Stefan Giertzsch

KV 9 Nachbarzahlen

1 Bestimme die Nachbarzahlen: Vorgänger und Nachfolger.

V	Zahl	N
	6 291	
	3 425	
	1 963	
	9 517	

V	Zahl	N
	4 400	
	7 000	
8 199		
		10 000

2 Bestimme die Nachbarzehner.
Welcher Nachbarzehner liegt näher? Kreise ihn ein.

NZ	Zahl	NZ
	4 779	
	2 153	
	9 811	
	6 007	

NZ	Zahl	NZ
	5 642	
	8 278	
	3 019	
	7 994	

3 Bestimme die Nachbarhunderter.
Welcher Nachbarhunderter liegt näher? Kreise ihn ein.

NH	Zahl	NH
	2 170	
	6 530	
	9 920	
	7 480	

NH	Zahl	NH
	9 306	
	1 762	
	5 099	
	8 107	

4 Bestimme die Nachbartausender.
Welcher Nachbartausender liegt näher? Kreise ihn ein.

NT	Zahl	NT
	6 300	
	1 800	
	4 710	
	8 690	

NT	Zahl	NT
	3 501	
	2 347	
	7 018	
	9 615	

KV 10 Sprünge zu den Nachbarzahlen

1 **Trage die Nachbarzahlen ein.**

NT	NH	NZ	V	Zahl	N	NZ	NH	NT
				5381				
				8916				
				1372				
				3703				
				9005				
				6440				

2 **Sprünge zu den Nachbarzehnern.**

2641 —(+)→ 2650   7358 —(+)→ 7360   4473 —(+)→ ☐

2641 —(−)→ 2640   7358 —(−)→ ☐   5473 —(−)→ ☐

3 **Sprünge zu den Nachbarhundertern.**

3480 —(+)→ 3500   8210 —(+)→ 8300   6740 —(+)→ ☐

3480 —(−)→ 3400   8210 —(−)→ ☐   6740 —(−)→ ☐

4 **In zwei Sprüngen zum Nachbartausender.**

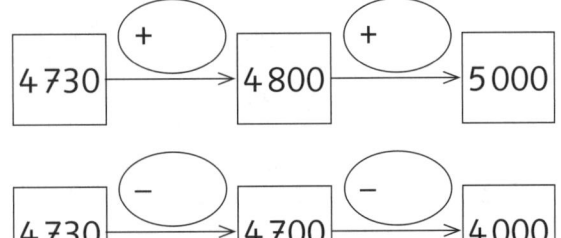

4730 —(+)→ 4800 —(+)→ 5000

4730 —(−)→ 4700 —(−)→ 4000

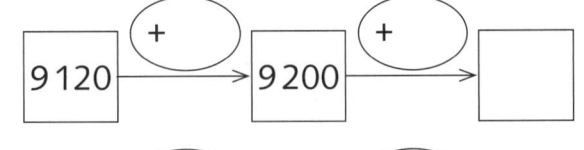

9120 —(+)→ 9200 —(+)→ ☐

9120 —(−)→ ☐ —(−)→ 9000

Bünker / Vollmer • Fachfremd unterrichten Mathematik 3/4 • Vignettenzeichnungen: Stefan Giertzsch

KV 11 Zahlen vergleichen und ordnen

1 Kleiner, größer oder gleich? Setze ein: (<) (>) (=)

2500 ◯ 5200	7800 ◯ 7700	5800 ◯ 5080
6400 ◯ 4600	3500 ◯ 3600	2317 ◯ 2713
9100 ◯ 1900	4900 ◯ 4900	1600 ◯ 1060
3500 ◯ 5300	5260 ◯ 5320	6654 ◯ 6654

2 Ordne die Zahlen. Beachte das Größer- und Kleinerzeichen.

| 3894 | 3957 | 3759 | 3885 | 3781 | 3902 | 3790 |

____ < ____ < ____ < ____ < ____ < ____ < ____

| 4389 | 5782 | 4037 | 5164 | 4956 | 5081 | 4872 |

____ > ____ > ____ > ____ > ____ > ____ > ____

| 2332 | 2303 | 3320 | 2323 | 3223 | 3322 | 2233 |

____ < ____ < ____ < ____ < ____ < ____ < ____

3 Setze ein: (<) (>) (=)

5T 6H 2Z 7E ◯ 5672	3T 17E ◯ 3170
2T 6H 9Z 0E ◯ 2690	4Z 2E 9T ◯ 4290
7T 4H 3Z ◯ 7403	6E 2T 6Z 2H ◯ 6262
7T 6H ◯ 760	1T 1H 1Z 12E ◯ 1122

Bereich: Zahlen und Operationen

Wir multiplizieren schriftlich.

Unterrichtsvorhaben für Anfang Klasse 4

Lernziele:

Die Schüler

- lösen Multiplikationsaufgaben mit Stufenzahlen (Zehn, Hundert, Tausend, Zehntausend, Hunderttausend) sicher und entdecken und nutzen dazu dekadische Strukturen.
- wiederholen und führen die halbschriftliche Multiplikation sicher aus.
- verstehen das Verfahren der schriftlichen Multiplikation und führen es selbstständig und sicher aus.
- schulen die prozessbezogenen Kompetenzen „Argumentieren", indem sie dekadische Analogien und operative Zusammenhänge entdecken und beschreiben.
- schulen die prozessbezogenen Kompetenzen „Darstellen/Kommunizieren", indem sie eigene Lösungswege beschreiben, Lösungswege anderer verstehen und bewerten.

Sequenz 1:

Wir multiplizieren mit Stufenzahlen.

Materialvorbereitung: Zusatz-KV Stellenwerttafel 3 als Folie für den OHP, Blanko-Folie, Folienstift

Zum Einstieg benennen die Schüler das Thema/Ziel und den Verlauf der Stunde.

Zur Einstimmung spielen die Kinder das Spiel „Eckenrechnen". Dabei stellt die Lehrkraft sowohl Aufgaben des kleinen Einmaleins, als auch Aufgaben des Zehnereinmaleins.

In der Hinführungsphase wird den Kindern am OHP eine leere Stellenwerttafel präsentiert. Eine Blanko-Folie wird darauf gelegt, sodass sie linksbündig die Einerstelle bedeckt. Auf die Blanko-Folie notiert die Lehrkraft die Zahl 4 (Einerstelle). Gemeinsam wird nun erarbeitet, was mit den vier Einern passiert, wenn diese mit 10, 100, 1000, 10 000 und 100 000 multipliziert wird. Bei der Multiplikation mit dem Faktor 10, werden die Einer zu Zehnern. Nachdem dies im Gespräch ggf. mit Material verdeutlicht wurde, stellt die Lehrkraft diese Situation an der Stellenwerttafel dar. Sie schiebt mithilfe der Folie die Ziffer 4 von der Einerstelle an die Zehnerstelle und lässt dies als stummen Impuls auf die Kinder wirken. Die Kinder äußern, dass man die Einerstelle nun mit einer Null besetzen muss. Im Anschluss daran hält die Lehrkraft diese Aufgabe an der Tafel fest. Dabei berücksichtigt sie, dass im Anschluss weitere Aufgaben höherer Stellenwerte gerechnet werden und lässt hierfür entsprechend Kästchen frei. So entstehen multiplakative Stufenaufgaben. Auf die gleiche Art und Weise werden im Anschluss die weiteren oben aufgeführten Stufenzahlen erarbeitet und an der Tafel festgehalten.

Anschließend bearbeiten die Kinder die Aufgabe 1 von KV1 in Partnerarbeit. Danach bearbeiten sie die weiteren Aufgaben in Einzelarbeit.

Abschließend kommen die Kinder in den Theaterkreis. Die Lehrkraft notiert die Zahlen 1 000, 10 000 und 100 000 an der Tafel und lässt die Kinder passenden Multiplikationsaufgaben darunter schreiben.

Analog dazu lässt sich das Dividieren mit Stufenzahlen erarbeiten.

Sequenz 2:

Wir multiplizieren mit großen Zahlen.

Zum Einstieg sitzen die Kinder im Theaterkreis und aktivieren ihr Vorwissen, indem sie die Erkenntnisse der Vorstunde wiedergeben.

Anschließend benennen die Schüler das Thema und den Verlauf der Stunde.

Die Lehrkraft notiert die Aufgabe $3 \cdot 4$ an der Tafel. Bei der Versprachlichung dieser Aufgabe berücksichtigt sie die Stellenwerte und spricht: „$3 \cdot 4$ Einer ergeben 12 Einer." So baut sie ein Aufgabenpäckchen stufenweise auf (siehe KV2) und begleitet dies verbal:

„$3 \cdot 4$ Zehner ergeben 12 Zehner."

„$3 \cdot 4$ Hunderter ergeben 12 Hunderter."

„$3 \cdot 4$ Tausender ergeben 12 Tausender."

Im Gespräch wird erläutert, dass Zehnerzahlen keine Einer besitzen, sodass die Einerstelle mit einer Null besetzt ist. Entsprechend haben Hunderterzahlen keine Zehner und Einer und Tausenderzahlen keine Hunderter, Zehner und Einer.

Anschließend bearbeiten die Schüler die KV2.

In der Reflexionsphase werden die Lösungen von Aufgabe 4 von KV2 gesammelt und ggf. Schwierigkeiten besprochen.

Sequenz 3:

Wir wiederholen die halbschriftliche Multiplikation.

Materialvorbereitung: karierte DIN-A4-Blätter als Klassensatz

Einstieg (s. Sequenz 1)

Zu Beginn notiert die Lehrkraft vier Multiplikationsaufgaben (6 · 29, 5 · 88, 4 · 26, 9 · 16) an der Tafel, die die Kinder in Einzelarbeit lösen sollen. Dazu wird ein kariertes A4-Blatt doppelt gefaltet, sodass vier gleich große Felder entstehen. In jedes Feld schreibt der Schüler eine Aufgabe ab und hat somit ausreichend Platz, seinen Rechenweg zu notieren. Dabei ist ihnen der Rechenweg frei gestellt, doch ist eine Notation des Rechenweges verpflichtend. Kinder, die die Aufgaben gelöst haben, zerschneiden bzw. zerreißen das Blatt in vier Teile. Anschließend vergleichen und erläutern sie ihre Lösungswege mit einem Partner (Sitznachbar oder Haltestelle). Danach trifft sich die Klasse im Theaterkreis und einige Kinder stellen ihre Lösungswege vor. Kinder, die den gleichen Lösungsweg gewählt haben, heften ihren Aufgabenzettel an der Tafel dazu. Je nachdem, welche Strategien im dritten Schuljahr angewendet bzw. eingeführt wurden, sollten folgende Rechenwege zur Vorbereitung der Arbeitsphase thematisiert werden:

- Malkreuz,
- halbschriftlich/in Schritten,
- Kopfrechnen mit Notation der Zwischenschritte.

In der Arbeitsphase bearbeiten die Schüler die KV3. Zum Abschluss werden die Ergebnisse von KV3 verglichen. Außerdem besteht die Möglichkeit, weitere Strategien, sofern sie nicht bereits während des Unterrichtsgesprächs thematisiert wurden, vorzustellen:

- Hilfsaufgabe
  (6 · 29 über die Hilfsaufgabe 6 · 30 – 6 · 1)
- Vereinfachen
  (5 · 88 wird durch gegensinniges Verändern vereinfacht zu 10 · 44)

Sequenz 4:
Wir entscheiden uns: im Kopf oder halbschriftlich.

Materialvorbereitung: DIN-A4-Blätter längs halbiert

Einstieg (s. Sequenz 1)

Als Hinführung kommen die Schüler in den Theaterkreis. Die Lehrkraft notiert verschiedene Zahlen (3 – 5 – 8 – 24 – 101 – 125 – 267 – 330 – 499 – 605) gemischt an der Tafel. Sie fordert die Kinder auf, verschiedene Multiplikationsaufgaben mit den Zahlen zu bilden und notiert diese auf Papierstreifen. Anschließend zeichnet sie eine Tabelle an die Tafel mit den Spalten „im Kopf" und „halbschriftlich". Die notierten Aufgaben werden gemeinsam in die Tabelle einsortiert, wobei die Entscheidung jeweils begründet wird.

Anschließend bearbeiten die Kinder die KV4 in Einzelarbeit.

In der Reflexionsphase kommen alle Kinder erneut in den Theaterkreis. An der Tafel wird nun die Aufgabe 24 · 267 näher betrachtet. Mithilfe der halbschriftlichen Multiplikation und ggf. der Unterstützung der Lehrkraft löst ein Schüler die Aufgabe an der Tafel. Im Gespräch wird herausgestellt, dass der Rechenweg umfangreich und somit auch fehleranfällig ist. Die Lehrkraft gibt den Ausblick auf die schriftliche Multiplikation, die in der nächsten Stunde vorgestellt wird.

Sequenz 5:
Wir multiplizieren schriftlich.

Einstieg (s. Sequenz 1)

Zum Einstieg spielt die Klasse Fußball-Rechnen, um die Aufgaben des kleinen Einmaleins zu wiederholen und zu festigen.

Zur Hinführung kommen die Kinder in den Theaterkreis. An der Tafel wird die Aufgabe 4231 · 3 halbschriftlich gelöst. Anschließend führt die Lehrkraft die schriftliche Multiplikation an der Tafel ein, indem sie die Aufgabe Schritt für Schritt löst und dabei mitspricht. Im Unterrichtsgespräch werden Gemeinsamkeiten und Unterschiede der beiden Rechenverfahren herausgearbeitet. Es muss deutlich werden, dass bei der schriftlichen Multiplikation nacheinander mit den Stellenwerten gerechnet wird, wobei immer mit der Einerstelle begonnen werden muss. Als Unterstützung werden wie auf KV5 zunächst die Stellenwerte über die Aufgabe und das Ergebnis notiert. Danach werden weitere Beispiele gemeinsam an der Tafel gelöst, bevor die Kinder in der Arbeitsphase die KV5 in Einzelarbeit bearbeiten.

Zum Abschluss kommen die Kinder noch einmal in den Theaterkreis. Um zu überprüfen, ob die Schüler das Verfahren verstanden haben, werden verschiedene Klecksaufgaben an der Tafel gemeinsam gelöst. Dabei sollten sowohl einzelne Zahlen des ersten Faktors, als auch des Ergebnisses als Klecks dargestellt bzw. verdeckt sein. Die einzelnen Rechenschritte werden wie gewohnt versprachlicht, wobei an die Stelle des Kleckses ein „wie viel" gesetzt wird. Zum Beispiel:

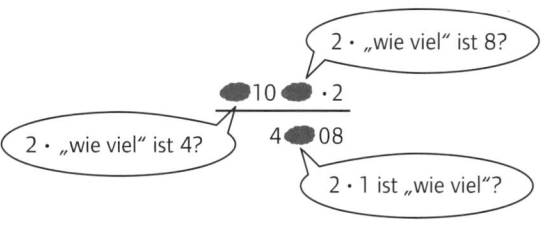

Sequenz 6:
Wir multiplizieren schriftlich mit Übertrag.

Einstieg (s. Sequenz 1)
Zum Einstieg stehen an der Tafel drei Multiplikationsaufgaben (mit Übertrag), die die Kinder auf ein kariertes Blatt übertragen sollen und mithilfe ihres Vorwissen zur schriftlichen Multiplikation lösen sollen. Anschließend trifft sich jedes Kind mit zwei weiteren Kindern an der Haltestelle und gemeinsam führen sie eine Mathekonferenz durch. Dabei stellen sie sich gegenseitig ihre Lösungswege vor. Im anschließenden Klassengespräch wird das Verfahren der schriftlichen Multiplikation mit Übertrag für alle erläutert, wobei die Sprechweise (siehe KV6) geübt, sowie Tipps zum Merken der Übertragszahl gesammelt werden.
Anschließend bearbeiten die Kinder die KV6.
Zum Abschluss wird die Bedeutung des kleinen Einmaleins herausgearbeitet und ggf. als Training eine Spalte der Kopfrechen-Olympiade durchgeführt. Es empfiehlt sich, in den nächsten Stunden, diese zur Diagnose vorzuführen. Es hat sich gezeigt, dass eine fehlende Automatisierung eine der häufigen Fehlerquellen der schriftlichen Multiplikation ist.

Sequenz 7:
Wir multiplizieren schriftlich mit großen Faktoren.

Einstieg (s. Sequenz 1)
Zum Einstieg wird eine Kopfrechen-Olympiade durchgeführt.
In der Hinführung kommen alle Kinder in den Theaterkreis. Die Lehrkraft präsentiert die Multiplikationsaufgabe 245 · 30 und lässt die Kinder Lösungsmöglichkeiten vorstellen. Über die Versprachlichung der Aufgabe als 245 · 3Z wird zunächst die Aufgabe 245 · 3 gerechnet, bevor die Zehnermultiplikation erfolgt. Anschließend stellt die Lehrkraft eine verkürzte Schreibweise dieser Aufgabe dar, indem beide Rechenschritte vereint werden. Dabei wird das „Anhängen der Null" als Zehnermultiplikation deutlich gemacht und farbig gekennzeichnet.
Nun kann entweder eine Übungseinheit zu diesem Inhalt erfolgen oder je nach Leistungsvermögen der Gruppe ein weiterer Lernschritt angehängt werden. Dann würde die Lehrkraft an dieser Stelle die schriftliche Multiplikation mit zweistelligen Zahlen einführen. Auch hierbei können am Beispiel der Aufgabe 47 · 25 zunächst die Teilschritte (47 · 20 und 47 · 5) erarbeitet werden, deren Ergebnisse in einem dritten Schritt zusammengerechnet werden müssten. Im Anschluss daran stellt die Lehrkraft eine ver-

kürzte Darstellungsweise mithilfe der schriftlichen Multiplikation vor.
Bei den nun größer werdenden Zahlen aufgrund der Zehnerpotenzen bietet sich die Einführung einer Überschlagsrechnung in dieser oder einer der nächsten Stunden an.
Im Anschluss an die Hinführung bearbeiten die Schüler die KV7.
Zur Festigung und Sicherung des Gelernten versprachlichen und lösen die Kinder zum Abschluss weitere Aufgaben zur schriftlichen Multiplikation mit großen Faktoren an der Tafel.

Analog dazu kann die schriftliche Multiplikation mit Hundertern und dreistelligen Faktoren eingeführt werden.

Sequenz 8:
Wir üben die schriftliche Multiplikation.

Einstieg (s. Sequenz 1)
Zum Einstieg wird eine Kopfrechen-Olympiade durchgeführt.
Anschließend präsentiert die Lehrkraft verschiedene Aufgaben zur schriftlichen Multiplikation:
- mit zwei- und dreistelligen Faktoren,
- Klecksaufgaben,
- mit Nullen im 2. Faktor,
- fehlerhafte Aufgaben.

Nacheinander bearbeiten die Kinder die Aufgaben und erläutern ihr Vorgehen. Dazu wenden sie das bisher Gelernte an und benennen schwierige Stellen im Lösungsprozess. Bei Aufgaben mit einer Null im 2. Faktor ist an dieser Stelle eine Notation nicht nötig, da die Multiplikation mit Null null ergibt.
Anschließend bearbeiten die Kinder die KV8.
Zum Abschluss werden die Ergebnisse von KV8 besprochen und verglichen.

Als weiterführende Übung können Ziffernkarten zu Multiplikationsaufgaben zusammengesetzt werden, sodass z. B. das Produkt möglichst groß/klein wird oder nah an einer bestimmten Zahl liegt. Außerdem bieten sich Forscheraufträge zur Multiplikation von Spiegelzahlen an (41 · 28 = 14 · 82).

KV 1 Multiplizieren mit Stufenzahlen

（1） **Partnerarbeit: Füllt die Tabelle aus und besprecht, was euch auffällt.**

·	1	10	100	1 000
1				
10				
100				
1 000				

（2）

$8 \cdot 10 =$		
$8 \cdot 100 =$		
$8 \cdot 1\,000 =$		
$8 \cdot 10\,000 =$		
$8 \cdot 100\,000 =$		

$3 \cdot 100\,000 =$

$3 \cdot 10\,000 =$

$3 \cdot 1\,000 =$

$3 \cdot 100 =$

$3 \cdot 10 =$

（3）

$37 \cdot 1\,000 =$

$198 \cdot 100 =$

$75 \cdot 100\,000 =$

$204 \cdot 10 =$

$13 \cdot 10\,000 =$

$81 \cdot 100 =$

$542 \cdot 10\,000 =$

$7 \cdot 100\,000 =$

（4）

$5 \cdot = 5\,000$

$50 \cdot = 500$

$500 \cdot = 5\,000\,000$

$50 \cdot = 50\,000$

$500 \cdot = 5\,000$

$90 \cdot = 900\,000$

$900 \cdot = 900\,000$

$9 \cdot = 900\,000$

$90 \cdot = 9\,000\,000$

$9 \cdot = 9\,000$

KV 2 Multiplizieren mit großen Zahlen

（1）

6 · 2 =		5 · 3 =		4 · 8 =
6 · 20 =		5 · 30 =		4 · 80 =
6 · 200 =		5 · 300 =		4 · 800 =
6 · 2000 =		5 · 3000 =		4 · 8000 =

（2）

3 · 6000 =		5 · 8000 =		6 · 7000 =
7 · 2000 =		8 · 3000 =		3 · 9000 =
9 · 5000 =		2 · 7000 =		5 · 5000 =
4 · 3000 =		4 · 5000 =		7 · 4000 =

（3）

8 · 60 =		9 · 400 =	
2 · 5000 =		3 · 90 =	
4 · 60000 =		5 · 8000 =	
7 · 300 =		4 · 40000 =	

（4）

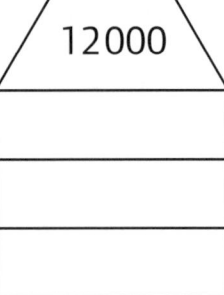
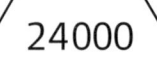
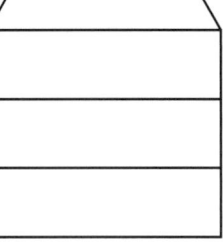
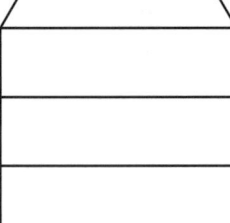
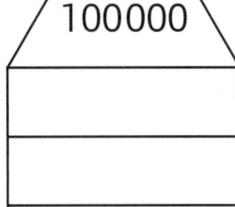
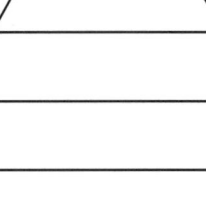
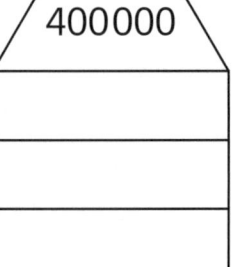

12000   24000   36000

100000   20000   400000

Bünker / Vollmer • Fachfremd unterrichten Mathematik 3/4 • Vignetten- u. Sachzeichnungen: Stefan Giertzsch

KV 3 Halbschriftlich Multiplizieren

1 **Löse mit einem Malkreuz.**

·	20	1	
3	60	3	63

·	10	8
7		

·	40	2
5		

·	30	5
6		

·	70	3
4		

·	20	4
8		

·	10	8
9		

·	30	7
3		

·	90	3
4		

2 **Löse halbschriftlich in Schritten.**

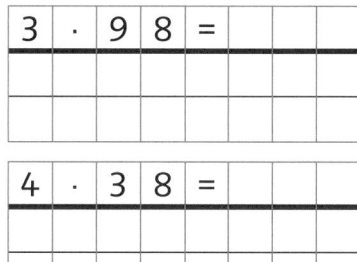

7 · 24 = 1 6 8
7 · 20 = 1 4 8
7 ·   4 =   2 8

5 · 18 =

9 · 23 =

3 · 98 =

8 · 42 =

5 · 61 =

4 · 38 =

2 · 84 =

6 · 77 =

3 **Löse mit Zwischenschritten im Kopf.**

4 · 73 = 280 + 12 = 292   5 · 47 = _____ = _____

7 · 51 = _____ = _____   2 · 98 = _____ = _____

3 · 89 = _____ = _____   6 · 27 = _____ = _____

9 · 64 = _____ = _____   4 · 76 = _____ = _____

6 · 18 = _____ = _____   9 · 23 = _____ = _____

8 · 36 = _____ = _____   5 · 45 = _____ = _____

KV 4 Im Kopf oder halbschriftlich

1 **Bilde mit den Zahlen Malaufgaben. Du brauchst sie nicht auszurechnen.**

4	6	9	25
67	99	150	
328	501	746	

leichte Aufgaben im Kopf	schwere Aufgaben halbschriftlich

2 **Rechne nur die Aufgaben aus, die du im Kopf lösen kannst.**

3 · 220 = ☐   6 · 289 = ☐   3 · 505 = ☐

5 · 328 = ☐   3 · 701 = ☐   6 · 471 = ☐

4 · 199 = ☐   5 · 110 = ☐   7 · 111 = ☐

7 · 873 = ☐   9 · 299 = ☐   9 · 756 = ☐

4 · 225 = ☐   8 · 654 = ☐   2 · 609 = ☐

3 **Rechne nun die Aufgaben halbschriftlich aus, die du nicht im Kopf lösen konntest.**

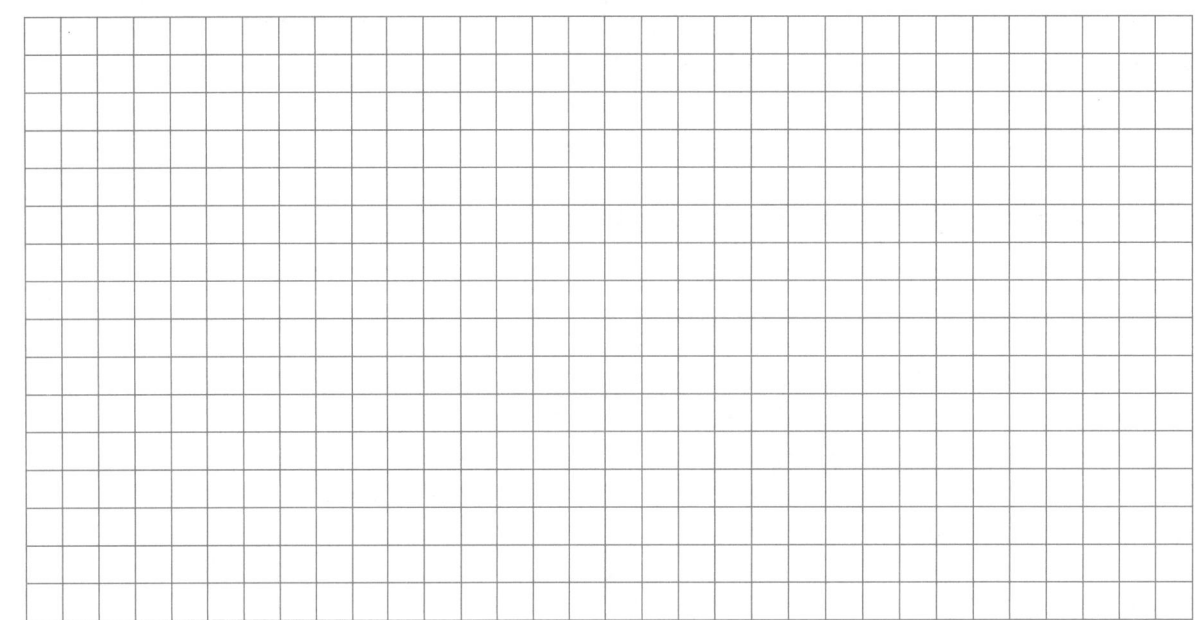

Bünker / Vollmer · Fachfremd unterrichten Mathematik 3/4 · Vignetten- u. Sachzeichnungen: Stefan Giertzsch

KV 5 Schriftlich Multiplizieren

T	H	Z	E		
2	3	0	4	·	2
	T	H	Z	E	
	4	6	0	8	

2 · 4E = 8E
2 · 0Z = 0Z
2 · 3H = 6H
2 · 2T = 4T

1 Multipliziere schriftlich und sprich dazu.

T	H	Z	E	
1	4	2	2	· 2
	T	H	Z	E

T	H	Z	E	
4	3	0	1	· 3
	T	H	Z	E

T	H	Z	E	
2	1	2	1	· 4
	T	H	Z	E

T	H	Z	E	
1	0	2	2	· 4
	T	H	Z	E

T	H	Z	E	
4	1	1	3	· 2
	T	H	Z	E

T	H	Z	E	
	5	3	2	· 3
	T	H	Z	E

T	H	Z	E	
	7	0	4	· 2
	T	H	Z	E

T	H	Z	E	
	8	2	1	· 4
	T	H	Z	E

T	H	Z	E	
	6	0	3	· 3
	T	H	Z	E

2 Trage die Aufgaben richtig ein und multipliziere schriftlich.

723 · 3

243 · 2

902 · 4

4 342 · 2

1 123 · 3

2 012 · 4

T	H	Z	E	
				·
	T	H	Z	E

T	H	Z	E	
				·
	T	H	Z	E

T	H	Z	E	
				·
	T	H	Z	E

T	H	Z	E	
				·
	T	H	Z	E

T	H	Z	E	
				·
	T	H	Z	E

T	H	Z	E	
				·
	T	H	Z	E

KV 6 Schriftlich Multiplizieren mit Übertrag

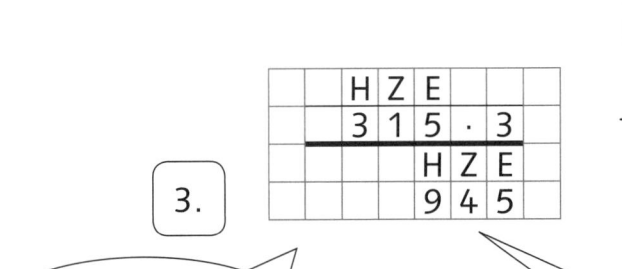

1.

H	Z	E	
3	1	5	· 3

H	Z	E
9	4	5

3 · 5E = 15E
Ich schreibe 5E und merke mir 1Z.

3.

3 · 3H = 9H

2.

3 · 1Z = 3Z
Ich übertrage den gemerkten Zehner.
3Z + 1Z = 4Z

1 **Immer nur ein Übertrag.**

T	H	Z	E	
	1	1	3	· 5
	T	H	Z	E

T	H	Z	E	
	2	1	7	· 6
	T	H	Z	E

T	H	Z	E	
	3	4	9	· 2
	T	H	Z	E

T	H	Z	E	
	3	7	2	· 2
	T	H	Z	E

T	H	Z	E	
	2	8	1	· 4
	T	H	Z	E

T	H	Z	E	
	1	9	1	· 5
	T	H	Z	E

2 **Achtung: Hier gibt es auch mal zwei Überträge.**

T	H	Z	E	
	2	9	3	· 4
	T	H	Z	E

T	H	Z	E	
	5	0	7	· 6
	T	H	Z	E

T	H	Z	E	
	1	7	5	· 5
	T	H	Z	E

T	H	Z	E	
	7	4	1	· 3
	T	H	Z	E

T	H	Z	E	
	2	8	5	· 2
	T	H	Z	E

T	H	Z	E	
	6	1	5	· 7
	T	H	Z	E

4	1	5	2	· 3

5	2	7	1	· 4

3	0	4	8	· 5

Bünker / Vollmer • Fachfremd unterrichten Mathematik 3/4 • Vignettenzeichnungen: Stefan Giertzsch

KV 7 Schriftlich Multiplizieren mit großen Faktoren

(1) **Multipliziere schriftlich mit Zehnern.**

3	1	7	·	6	0

5	4	3	·	2	0

7	3	1	·	4	0

1	1	4	·	7	0

6	5	2	·	3	0

3	0	4	·	8	0

2	9	0	·	5	0

1	3	9	·	9	0

1	8	3	2	·	5	0

2	3	4	0	·	6	0

5	0	1	1	·	9	0

4	6	1	7	·	8	0

2	5	8	7	·	4	0

6	0	5	0	·	7	0

(2) **Multipliziere schriftlich mit zweistelligen Faktoren.**

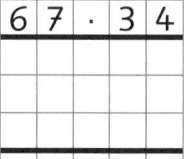

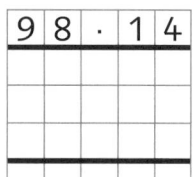
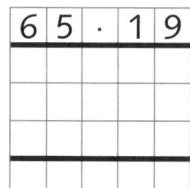

6	7	·	3	4

5	8	·	4	1

9	8	·	1	4

6	5	·	1	9

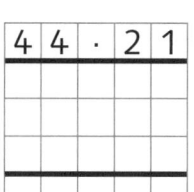
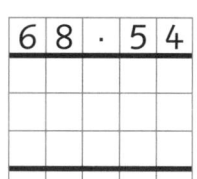

7	3	·	3	7

4	4	·	2	1

6	8	·	5	4

8	7	·	6	2

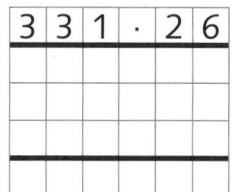
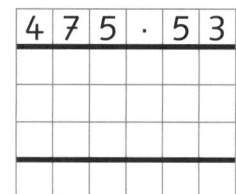
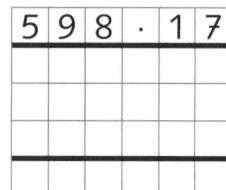

3	3	1	·	2	6

4	7	5	·	5	3

5	9	8	·	1	7

7	2	0	·	4	2

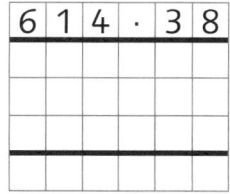
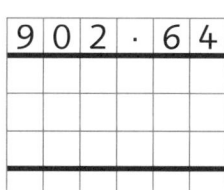
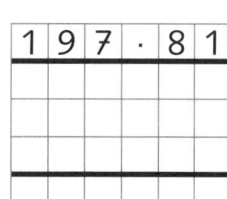

6	1	4	·	3	8

9	0	2	·	6	4

1	9	7	·	8	1

2	7	4	·	7	9

Name: _____   Datum: _____

KV 8 Übungen zur schriftlichen Multiplikation

1 **Achtung: Hier ist auch die Null mit dabei.**

| 4 | 8 | 2 | · | 3 | 0 | 6 |

| 5 | 6 | 9 | · | 4 | 0 | 2 |

| 7 | 0 | 6 | · | 6 | 0 | 5 |

| 6 | 4 | 0 | · | 4 | 0 | 9 |

| 3 | 9 | 8 | · | 1 | 3 | 7 |

| 8 | 5 | 1 | · | 7 | 0 | 4 |

| 2 | 8 | 0 | · | 8 | 3 | 0 |

| 1 | 4 | 9 | · | 5 | 5 | 1 |

| 9 | 1 | 3 | · | 2 | 8 | 7 |

2 **Finde die fehlenden Ziffern an den grauen Stellen.**

5	▨	4	·	2	3
	1	0	2	▨	0
		1	5	4	▨
			1		
	1	1	▨	2	2

2	▨	8	·	4	9
		8	3	▨	
		1	▨	7	2
		1			
	▨	0	1	▨	2

4	2	·	3	5
2	2	2	▨	0
		▨	7	1	
2	5	▨	7	0

6	8	·	7	▨
2	5	7	6	0
	3	3	1	2
		▨		
▨		9	0	▨	2

3 **Finde und markiere die Fehler und rechne richtig daneben.**

4	6	3	·	5	0	7
	2	3	1	5	0	0
		2	8	4	2	1
	2	3	9	9	2	1

| 4 | 6 | 3 | · | 5 | 0 | 7 |

6	8	0	·	3	2	5
	2	0	4	0	0	
		3	6	0	0	
		3	4	0	5	
			1			
	2	7	4	0	5	

| 6 | 8 | 0 | · | 3 | 2 | 0 |

Bünker / Vollmer • Fachfremd unterrichten Mathematik 3/4 • Vignettenzeichnungen: Stefan Giertzsch

Bereich: Raum und Form

Wir knobeln mit Pentominos.

Unterrichtsvorhaben für die Klasse 4

Lernziele:

Die Schüler

- erfahren eine Förderung der visuellen Wahrnehmungsfähigkeit (Wahrnehmung der Raumlage und der räumlichen Beziehung).
- erweitern ihre geometrischen Handlungserfahrungen.
- sammeln Grunderfahrungen mit ebenen Figuren z. B. durch Legen, Nach- und Auslegen, Zusammensetzen.
- vollziehen ausgehend von Handlungserfahrungen am konkreten Material zunehmend geometrische Operationen wie Drehen, Spiegeln und Verschieben in der Vorstellung.
- schulen die prozessbezogenen Kompetenzen „Problemlösen/kreativ sein" (probieren zunehmend systematisch und zielorientiert; nutzen Einsichten zur Problemlösung).
- schulen die prozessbezogenen Kompetenzen „Kommunizieren/Argumentieren" (mathematische Sachverhalte mit eigenen Worten beschreiben; Vermutungen und Vorgehensweisen entwickeln, erklären/begründen und überprüfen).

Sequenz 1:

Wir finden alle Pentominos (Quadrat-Fünflinge).

Materialvorbereitung: quadratische Papiere zur Demonstration und für die Arbeitsphase, KV1 auf festes Papier kopieren, Zipperbeutel oder Klammern für die Sammlung der Pentominos

Zum Einstieg kommen die Schüler in den Sitzkreis. Die Lehrkraft erzählt die Geschichte eines weisen Mannes, der ein mathematisches Rätsel lösen sollte, um die Tochter des Königs heiraten zu dürfen. Dieses verzauberte Puzzle war der Schlüssel zu einer geheimen Kammer im Schlosskeller. Viele Männer des Königreiches haben schon versucht, dieses geheimnisvolle Rätsel zu lösen, doch sind bisher alle gescheitert.

Die Lehrkraft gibt einen Ausblick auf die nächsten Stunden (Reihen- und Zieltransparenz) und stellt das Thema/Ziel der heutigen Stunde vor: „Wir finden alle Puzzleteile für das verzauberte Puzzle, die aus jeweils fünf Quadraten bestehen müssen."

Anschließend wird ein erstes Pentomino (Quadrat-Fünfling) gelegt und dabei die Legeregel erarbeitet: Die Quadrate müssen sich immer mit einer ganzen Seite berühren und dürfen nicht übereinander liegen. Die Lehrkraft demonstriert den Verlauf der Arbeitsphase, indem sie dieses Pentomino auf das Kästchenpapier durch Ausmalen (jedes Pentomino in einer anderen Farbe) überträgt und anschließend ausschneidet. Ein weiteres Pentomino wird gelegt und auf diese Art und Weise hergestellt. Danach wird durch Drehen und Klappen bewiesen, dass es sich um verschiedene Pentominos handelt. Gleiche Pentominos können durch Drehen und Klappen genau aufeinander gelegt werden.

Mithilfe der KV1 erstellen die Schüler in der Arbeitsphase alle möglichen Pentominos (Quadrat-Fünflinge).

Zum Abschluss werden alle zwölf Pentominos an der Tafel präsentiert. Dabei sollen die Kinder sowohl sprachlich, als auch durch Handlung verdeutlichen, warum es sich um ein neues Pentomino handelt. Anschließend vergleicht jedes Kind seine eigenen Lösungen und stellt ggf. die fehlenden Puzzleteile (Pentominos) her. Diese Teile werden im Anschluss z. B. in einem Zipperbeutel gesammelt, da sie in den nächsten Stunden benötigt werden.

Sequenz 2:

Wir legen Figuren mit Pentominos nach.

Materialvorbereitung: je Schüler zwölf Pentomino-Puzzleteile aus der Vorstunde, Tippkarten aus KV3 herstellen

Zum Einstieg benennen die Schüler das Thema/Ziel der Stunde. Währenddessen wiederholen sie die Geschichte vom verzauberten Puzzle und erläutern, wie sie die zwölf Puzzleteile dafür gefunden haben. Die Lehrkraft weist darauf hin, dass alle zwölf Teile zur Lösung des verzauberten Puzzles benötigt werden. Zur Vorbereitung dieser schwierigen Aufgabe werden in dieser Stunde verschiedene Figuren nachgelegt, für die weniger Pentominos benötigt werden. Zunächst wird eine Fantasiefigur (von KV2) gemeinsam betrachtet und versucht herauszufinden, wie viele Puzzleteile benötigt werden. Anschließend wird die Form genauer betrachtet, erste Auslegeversuche gestartet und Tipps zum Vorgehen gesammelt. Eine Lösung wird durch farbige Gestaltung festgehalten.

Im Anschluss bearbeiten die Kinder die KV2 und halten ihre Lösungen farbig fest. Als Hilfestellung können die Schüler auf Tippkarten (KV3) zurückgreifen.

Abschließend können weitere Handlungserfahrungen und Vorgehensweisen ausgetauscht werden.

Als Zusatzaufgabe können auch eigene Fantasiefiguren oder Rechtecke gelegt und anschließend die Umrisse aufgezeichnet werden. Diese Figuren können in einer Kartei gesammelt werden.

Sequenz 3:
Wir lösen das verzauberte Puzzle.

Materialvorbereitung: je Schüler zwölf Pentomino-Puzzleteile aus der Vorstunde

Zum Einstieg benennen die Schüler das Thema/Ziel der Stunde. Währenddessen wiederholen sie die Geschichte vom verzauberten Puzzle und die Tipps zum Auslegen von Figuren, welche sie für die heutige Stunde benötigen.

Anschließend beginnen die Kinder in Partnerarbeit mithilfe ihrer zwölf Pentominos das verzauberte Puzzle zu lösen. Dabei legen sie das Puzzle von KV4 mit den Puzzleteilen aus. Die Lehrkraft kann bei Bedarf auf die Fantasiefigur 9 aus der Vorstunde verweisen, welche die Hälfte der Lösung darstellt. Darüber hinaus gibt es noch weitere „verschachtelte" Lösungsmöglichkeiten.

Am Ende der Stunde präsentieren die Kinder ihre Lösungen an der Tafel und es wird verglichen, ob verschiedene Lösungen gefunden wurden.

Da nun der weise Mann das verzauberte Puzzle gelöst hat, durfte er die Prinzessin heiraten. Der König jedoch erfüllte sich seinen sehnlichsten Wünsch und öffnete die Tür zur geheimen Kammer im Schlosskeller. Dort fand er eine Schatztruhe und öffnete diese.

In einer Schatztruhe könnte sich nun eine Belohnung für die Schüler befinden. Eine Möglichkeit wäre eines der unten aufgeführten Spiele für das Freiarbeitsregal.

Weiterführend können folgende Spiele das räumliche Vorstellungsvermögen schulen:
• Ubongo,
• Penta,
• Winomino,
• Callisto.

Folgende Unterrichtseinheiten bieten sich thematisch zur Weiterführung an:
• vom Quadrat-Sechsling zum Würfelnetz,
• SOMA-Würfel,
• SOMA-Würfelnetze.

KV 1 Quadratische Felder zur Herstellung der Pentominos (Quadrat-Fünflinge)

Bünker / Vollmer • Fachfremd unterrichten Mathematik 3/4 • Vignettenzeichnungen: Stefan Giertzsch

Name: _____   Datum: _____

KV 2 Wir legen Figuren mit Pentominos nach

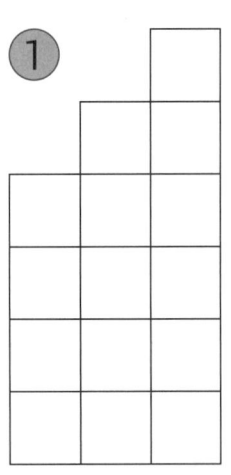

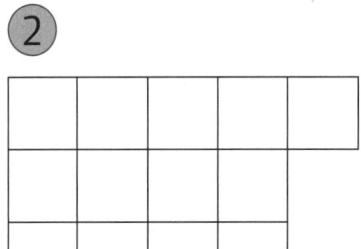

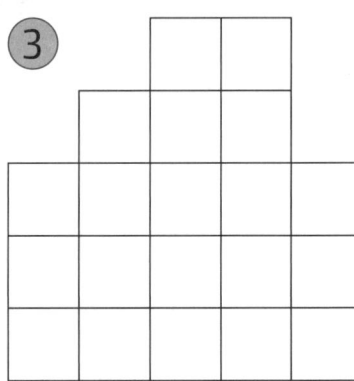

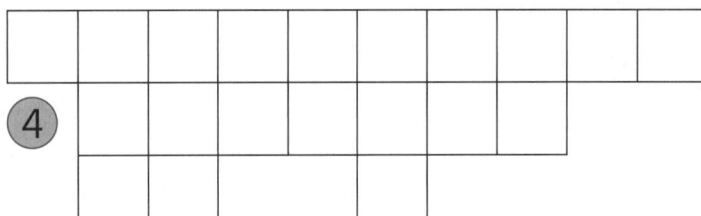

Bünker / Vollmer · Fachfremd unterrichten Mathematik 3/4 · Vignetten- u. Sachzeichnungen: Stefan Giertzsch

KV 3 Tippkarten für die Fantasiefiguren

Tippkarte „Figur 1"

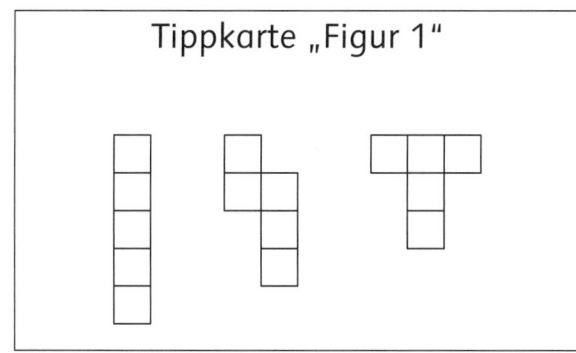

Tippkarte „Figur 2"

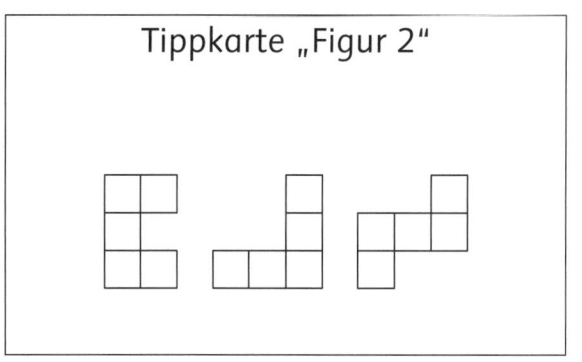

Tippkarte „Figur 3"

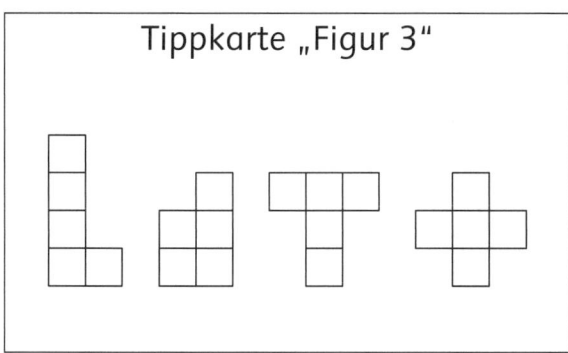

Tippkarte „Figur 4"

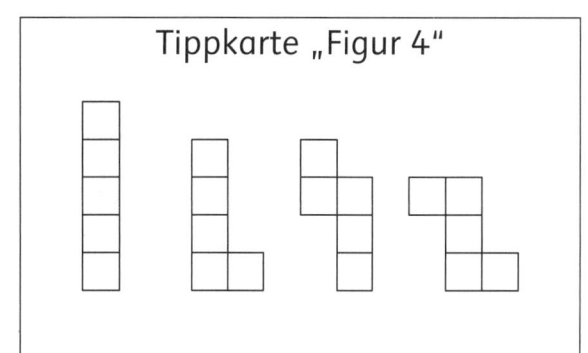

Tippkarte „Figur 5"

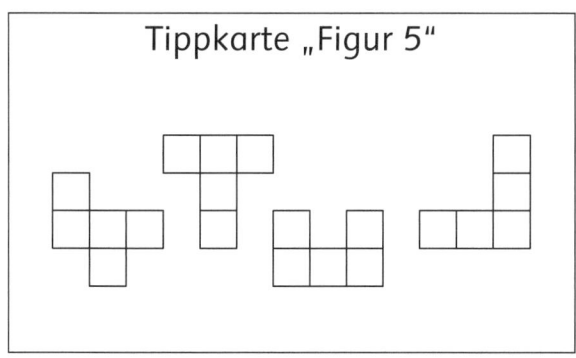

Tippkarte „Figur 6"

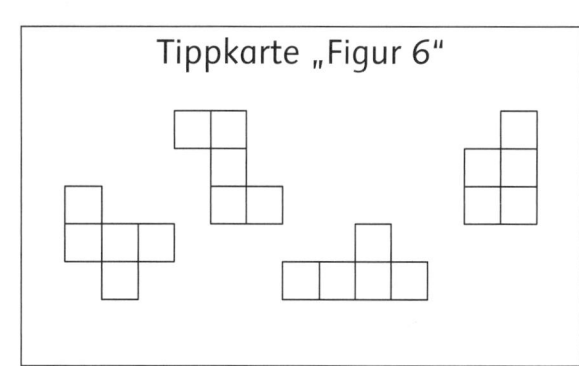

Tippkarte „Figur 7"

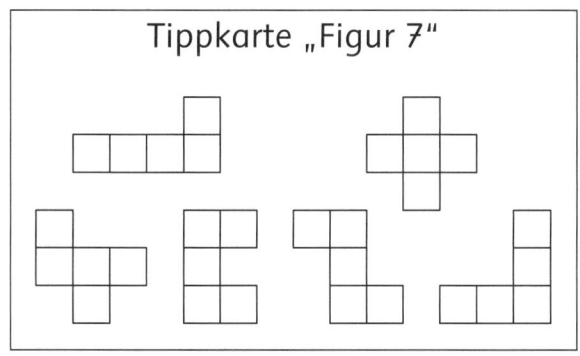

Tippkarte „Figur 8"

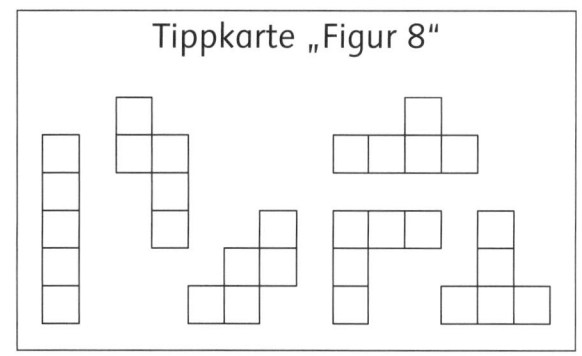

Tippkarte „Figur 9"

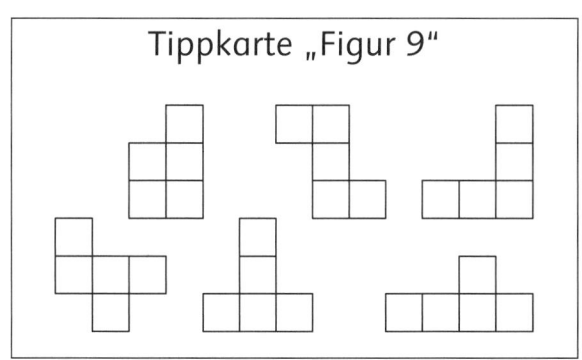

Tippkarte „Figur 10"

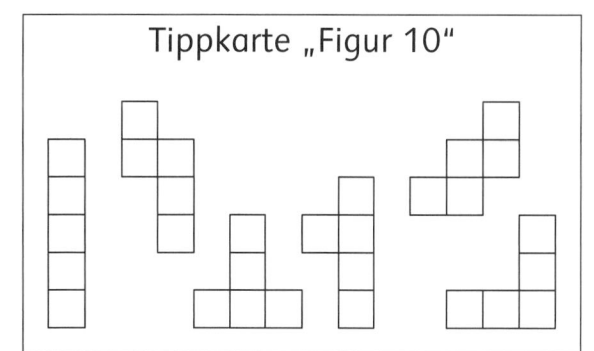

Name: _____ Datum: _____

KV 4 Wir lösen das verzauberte Puzzle

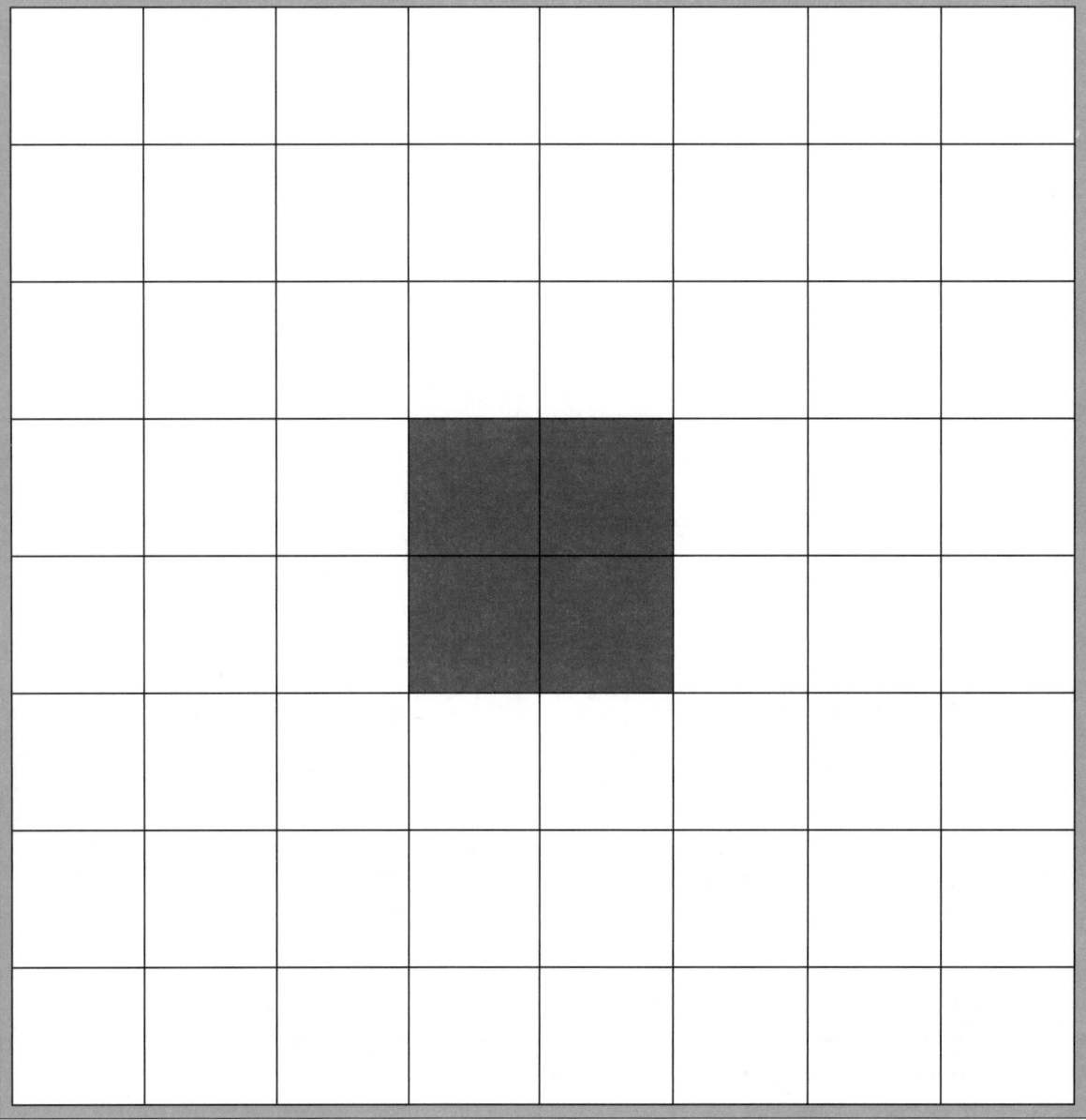

So haben wir es geschafft:

_____

_____

_____

_____

Bünker / Vollmer · Fachfremd unterrichten Mathematik 3/4 · Vignetten- u. Sachzeichnungen: Stefan Giertzsch

Bereich: Daten, Häufigkeiten und Wahrscheinlichkeiten

Wir werden Strummi-Forscher.

Unterrichtsvorhaben für die Klasse 4

Lernziele:
Die Schüler

- ermitteln aktiv-handelnd die möglichen Kombinationen von drei- und vierstufigen kombinatorischen Problemstellungen.
- entwickeln allgemeine Ordnungsprinzipien (z. B. Entscheidungsbaum).
- schulen die prozessbezogenen Kompetenzen „Problemlösen/kreativ sein" (Problemstellungen zunehmend systematisch und zielorientiert lösen; Zusammenhänge erkennen und nutzen), „Argumentieren" (Vermutungen anstellen und diese begründet bestätigen oder widerlegen; Begründungen anderer nachvollziehen; Beziehungen und Gesetzmäßigkeiten erklären) und „Darstellen/Kommunizieren" (übertragen eine Darstellung in eine andere).

Um kombinatorische Aufgabenstellungen aktiv-handelnd durchzuführen, benötigt man entsprechendes Material.

Zur Erforschung der Strummi-Tierchen bieten sich Legosteine (zwei verschiedene Farben) an, die man zu einem Strummi-Tierchen zusammenstecken kann. Diese bestehen immer aus vier Teilen: dem Kopf, der Schulter, dem Bauch und den Beinen.

Um die Kinder von einer probierenden zu einer zunehmend systematischeren Vorgehensweise heranzuführen, bietet es sich zunächst an, die Kombinationsmöglichkeiten überschaubar zu halten. Dies ermöglicht, Einsichten zu gewinnen, indem Ordnungsprinzipien erkannt und angewendet werden. Aus diesem Grund startet die Erforschung der Strummi-Tierchen zunächst mit dreiteiligen Kombinationen.

Sequenz 1:
Wir erforschen Strummi-Tierchen.

Materialvorbereitung: Legosteine in zwei verschiedenen Farben oder Tonkarton-Rechtecke zum Legen, Lösungen der Strummi-Tierchen als Bildkarten

Zum Einstieg benennen die Schüler das Thema/Ziel und den Verlauf der Stunde.

In der Hinführungsphase kommen die Kinder in den Theaterkreis. Die Lehrkraft präsentiert ein dreiteiliges, zweifarbiges Strummi-Tierchen. Die Schüler äußern sich spontan dazu. Die Lehrkraft stellt dieses Gebilde als Strummi-Tierchen vor. Anschließend wird ein weiteres Strummi-Tierchen gesteckt und die Aufgabenstellung erarbeitet: *„Finde alle möglichen Strummi-Tierchen! Wie viele verschiedene gibt es? Nutze das Material und übertrage deine Lösungen auf das Arbeitsblatt."*

In der Arbeitsphase bearbeiten die Kinder die Aufgabe 1 von KV1. Anschließend bearbeiten sie mit einem Partner die Aufgabe 2. Dazu bietet sich die Methode „Haltestelle/Lerntempoduett" an, bei der die Kinder nach Beenden ihrer Aufgabe an einem Treffpunkt/an einer Haltestelle auf einen Partner warten.

In der Reflexion kommen alle Kinder zurück in den Theaterkreis. Gemeinsam werden die einzelnen Lösungen nachgebaut und ggf. an der Tafel (mithilfe von Bildkarten) festgehalten. In dieser Phase erläutern die Schüler ihr Vorgehen beim Finden der Lösungen. Im Anschluss daran sollen die Kinder nun begründen, warum es keine weiteren Strummi-Tierchen gibt. Dazu werden die gefundenen Kombinationen geordnet, sodass eine Struktur zu erkennen ist.

Sequenz 2:
Unsere Strummi-Tierchen wachsen.

Materialvorbereitung: Legosteine in zwei verschiedenen Farben oder Tonkarton-Rechtecke zum Legen, Lösungen der Strummi-Tierchen als Bildkarten

Einstieg (s. Sequenz 1)
In der Hinführungsphase kommen die Kinder in den Theaterkreis. Die Lehrkraft präsentiert ein vierteiliges, zweifarbiges Strummi-Tierchen. Die Schüler erkennen und benennen die Problemstellung und formulieren die Aufgabenstellung: *„Finde alle möglichen Strummi-Tierchen! Wie viele verschiedene gibt es? Nutze das Material und übertrage deine Lösungen auf das Arbeitsblatt."*

In der Arbeitsphase bearbeiten die Kinder die Aufgabe 1 von KV2. Anschließend bearbeiten sie mit einem Partner die Aufgabe 2 (Methode „Haltestelle/Lerntempoduett").

In der Reflexion kommen alle Kinder zurück in den Theaterkreis. Gemeinsam werden die einzelnen Lösungen nachgebaut und ggf. an der Tafel (mithilfe von Bildkarten) festgehalten. In dieser Phase erläutern die Schüler ihr Vorgehen beim Finden der

Lösungen. Im Anschluss daran versuchen die Kinder zu begründen, warum es keine weiteren Strummi-Tierchen gibt. Da jedoch eine Sortierung aufgrund der großen Anzahl der Kombinationen (16 Tierchen) schwierig ist und schnell unübersichtlich wird, gibt die Lehrkraft einen Ausblick auf die nächste Stunde, in der sie den Entscheidungsbaum kennen lernen.

Sequenz 3:
Haben wir alle Freunde von Strummi gefunden?

Materialvorbereitung: Legosteine in zwei verschiedenen Farben oder Tonkarton-Rechtecke zum Legen, Lösungen der Strummi-Tierchen als Bildkarten

Einstieg (s. Sequenz 1)
Zu Beginn wiederholen die Kinder die Inhalte der letzten Einheit und stellen ihre Vorgehensweisen vor. Dabei begründen sie, warum sie glauben, alle Strummi-Tierchen gefunden zu haben. Um dieses zu beweisen, stellt die Lehrkraft in dieser Sequenz den Entscheidungsbaum vor, dessen Anwendung ein systematisches Vorgehen beim Finden aller Möglichkeiten bietet. Im gemeinsamen Gespräch äußern die Schüler Assoziationen zum Begriff „Entscheidungsbaum". Dabei wird zum einen auf die Verästelung eines Baumes und zum anderen auf den Begriff „Entscheidung" im Bezug zur kombinatorischen Problemstellung der Strummi-Tierchen eingegangen. An der Tafel baut die Lehrkraft nach und nach den Entscheidungsbaum von unten nach oben/von hinten nach vorne (Körper Strummi-Tier) auf und versprachlicht jeweils die Entscheidungen, die getroffen werden müssen. Dabei entwickelt sie jedoch nicht den ganzen Baum, sondern nur einen Teil, damit die Kinder den Entscheidungsbaum in der Arbeitsphase vervollständigen können. Die KV3 kann durch die Lehrkraft differenziert werden, indem ein Teil des Baumes vor dem Kopieren abgedeckt wird.
In der Arbeitsphase bearbeiten die Schüler die KV3 in Einzel- oder Partnerarbeit.
In der Reflexionsphase kommen alle Schüler in den Theaterkreis. Mithilfe der Ergebnisse der Kinder wird der Entscheidungsbaum an der Tafel vervollständigt.

Es besteht die Möglichkeit, in nachfolgenden Sequenzen weitere kombinatorische Problemstellungen anzubieten, bei denen die Kinder einen Entscheidungsbaum zum systematischen Finden aller Möglichkeiten anwenden können.

Wenn man thematisch bei den Strummi-Tierchen bleiben möchte, könnten farbige Verwandte zu Besuch kommen. Hierbei wäre es möglich, dreiteilige Tierchen auszuwählen, die sich aus drei verschiedenen Farben kombinieren lassen.
Außerdem bieten sich alle kombinatorischen Aufgabenstellungen an, bei denen die Reihenfolge der Elemente bedeutsam ist (z. B. Kleidung, Menü: Vorspeise – Hauptgericht – Nachspeise).

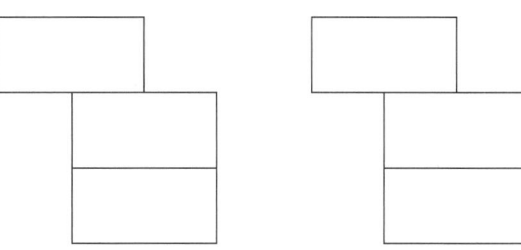

KV 1 Wir werden Strummi-Forscher

(1) **Finde alle möglichen Strummi-Tierchen. Wie viele verschiedene gibt es?**

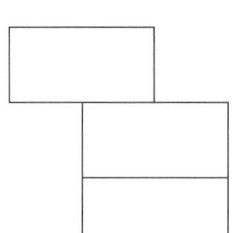 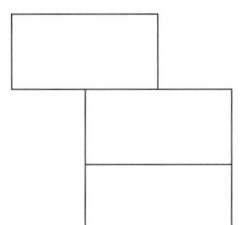 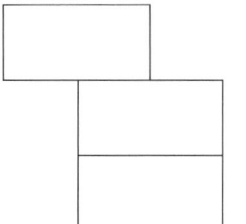 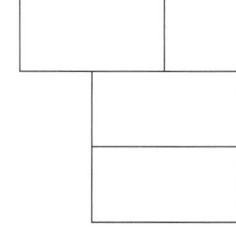

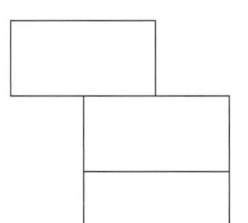 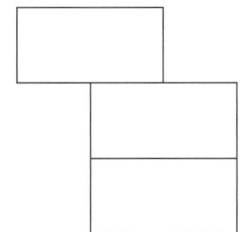 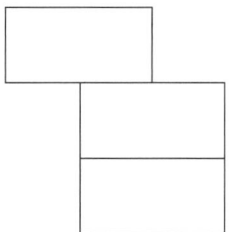 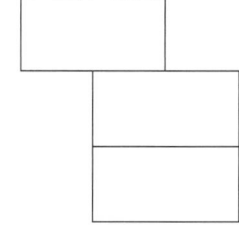

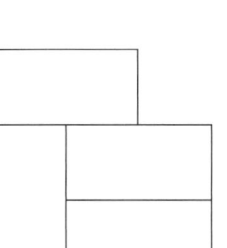 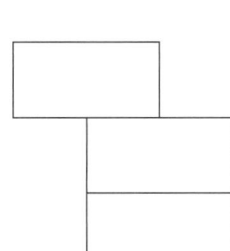 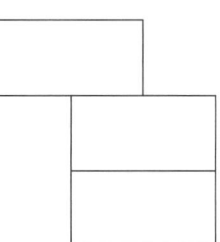 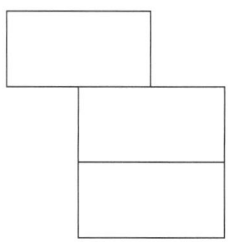

(2) **Arbeite mit einem Partner.**

Vergleicht eure Tierchen. Habt ihr die gleichen Tierchen gefunden?

Überlegt gemeinsam, warum es keine weiteren Strummi-Tierchen mehr gibt?

107

Name: _____   Datum: _____

KV 2 Unsere Strummi-Tierchen wachsen

(1) Finde alle möglichen Strummi-Tierchen. Wie viele verschiedene gibt es?

(2) Arbeite mit einem Partner.
Vergleicht und sortiert eure Lösungen. Habt ihr alle Strummi-Tierchen gefunden? Wie seid ihr vorgegangen?

Bünker / Vollmer • Fachfremd unterrichten Mathematik 3/4 • Vignettenzeichnungen: Stefan Giertzsch

KV 3 Der Entscheidungsbaum

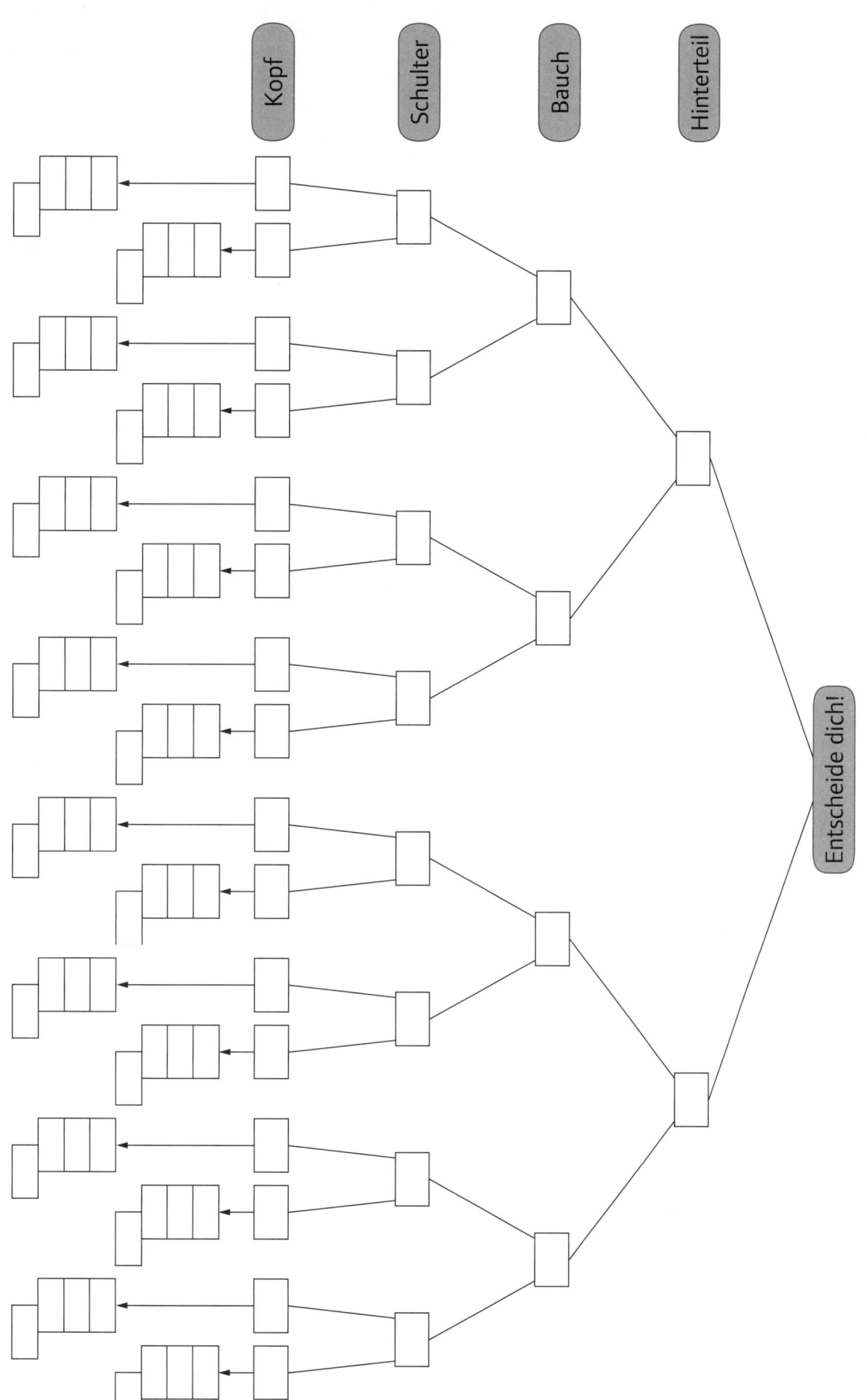

Bünker / Vollmer • Fachfremd unterrichten Mathematik 3/4 • Vignetten- u. Sachzeichnungen: Stefan Giertzsch

Bereich: Größen und Messen

Wir messen und rechnen mit Gewichten.

Unterrichtsvorhaben für die Klasse 4

Lernziele:
Die Schüler

- kennen die Standardeinheiten Gramm, Kilogramm und Tonne und wenden sie sachgerecht an.
- verfügen über tragfähige Grundvorstellungen zu Gewichten und stellen Zusammenhänge her.
- schreiben Gewichte in gemischter Schreibweise und in Kommaschreibweise und können diese umwandeln.
- schulen die prozessbezogene Kompetenz „Kommunizieren" (mathematische Sachverhalte mit eigenen Worten beschreiben; Fachbegriffe und Zeichen sachgerecht verwenden).

Sequenz 1:
Wir sortieren Gegenstände nach ihrem Gewicht.

Materialvorbereitung 1: Gegenstände in Alufolie verpackt, mit Zahlen nummeriert und passende Kärtchen mit Gewichtsangaben:

- Schokolade – 100 g
- Seife – 150 g
- Butterkekse – 250 g
- Kartoffelpüree – 300 g
- Cornflakes – 500 g
- Apfelmus – 750 g
- Zucker – 1000 g = 1 kg

Kleiderbügelwaage, Repräsentanten von KV1 vergrößert für die Herstellung eines Merkplakates

Materialvorbereitung 2: Küchenwaagen, Papier-Quadrate zur Herstellung von Faltschachteln, Kärtchen mit Gewichtsangaben, Steinchen/Dekogranulat
Gruppe 1: 50 g, 100 g, 150 g, 200 g, 250 g
Gruppe 2: 30 g, 60 g, 90 g, 120 g, 150 g
Gruppe 3: 20 g, 40 g, 60 g, 80 g, 100 g
Gruppe 4: 10 g, 20 g, 30 g, 40 g, 50 g

Zum Einstieg benennen die Schüler das Thema/Ziel und den Verlauf der Stunde.
In der Hinführungsphase kommen die Schüler in den Theaterkreis. Die Lehrkraft initiiert ein offenes Gespräch über Gewichte, bei dem die Kinder ihr Vorwissen zeigen können. Dabei bietet sie Impulse an wie:

- Welcher Gegenstand wiegt ungefähr 1 g, 100 g, 1 kg, 10 kg, 100 kg, 1 t?
- Wie viel wiegt ein großes Schulheft/das Mathebuch/der Tornister/meine Klassenlehrerin/eine Kuh/ein Auto?
- Ergänze die richtige Maßeinheit:
  Eine Birne wiegt 210 ___ .
  Lisas Vater wiegt 80 ___ .
  Ein Blauwal wiegt ungefähr 200 ___ .

Im Anschluss daran organisiert die Lehrkraft die Arbeitsphase. Dabei teilt sie die Lerngruppe in vier Kleingruppen auf. Eine Lerngruppe arbeitet im Sitzkreis mit den in Alufolie verpackten Gegenständen. Durch Anheben vergleicht und ordnet die Kleingruppe die Gegenstände und ordnet ihnen die Gewichtsangaben zu. Anschließend übertragen sie ihre Zuordnung auf ein Blatt Papier. Währenddessen stellen die anderen drei Kleingruppen je fünf Faltschachteln her und befüllen diese mithilfe einer Küchenwaage mit Steinen nach bestimmten Gewichtsangaben (siehe Materialvorbereitung 2). Diese Faltschachteln werden zu einem späteren Zeitpunkt benötigt.
Sobald alle vier Kleingruppen beide Aufgaben bewältigt haben, findet im Sitzkreis eine Abschlussbesprechung statt. Dazu werden die Lösungen der Kleingruppen verglichen und mithilfe einer Kleiderbügelwaage die Gewichtsunterschiede sichtbar gemacht. Außerdem wird deutlich, dass Gewicht und Größe unabhängig voneinander sind. Dennoch werden nun Repräsentanten gesammelt und mit Hilfe der KV1 auf einem Merkplakat festgehalten.

Sequenz 2:
Wir schätzen, vergleichen und wiegen.

Materialvorbereitung: Material aus Sequenz 1 (gefüllte Faltschachteln und passende Gewichtskärtchen), vier Küchenwaagen

Einstieg (s. Sequenz 1)
Die Lehrkraft organisiert die Gruppenarbeitsphase. Dabei verteilt sie je fünf Faltschachteln mit den passenden Gewichtskarten auf die Gruppentische. Jede Kleingruppe legt die Gewichtskärtchen geordnet auf den Tisch. Die Schachteln werden durch Schätzen den Kärtchen zugeordnet. Danach erfolgt eine Überprüfung mit der Waage. Wenn alle Gruppen fertig sind, wechseln sie den Tisch und ordnen die nächsten Kärtchen den Faltschachteln zu.

Sequenz 3:
Wir schreiben in Gramm und Kilogramm.

Einstieg (s. Sequenz 1)

In der Hinführungsphase kommen alle Kinder in den Theaterkreis. An der Tafel wiederholt die Lehrkraft die Gewichtsangaben in Form von einfachen und den Kindern bekannten Brüchen (evtl. mithilfe einer „Pizza"):

- 1/4 kg =   250 g,
- 1/2 kg =   500 g,
- 3/4 kg =   750 g,
- 1 kg = 1000 g.

Anschließend wird die Versprachlichung und die Umwandlung in die unterschiedlichen Darstellungsformen thematisiert:

- Grammschreibweise – 5607 g,
- gemischte Schreibweise – 5 kg 607 g,
- Kommaschreibweise – 5,607 kg (gesprochen: fünf Komma sechs null sieben Kilogramm).

Die Erarbeitung erfolgt an der Tafel mithilfe einer Stellentafel (siehe KV2), in die die Kinder verschiedene Gewichtsangaben eintragen und umwandeln sollen.

Danach bearbeiten die Kinder die KV2 in Einzelarbeit.

Zum Abschluss kommen die Kinder wieder in den Theaterkreis. An der Tafel stehen verschiedene Gewichtsangaben, jede Angabe in den drei unterschiedlichen Darstellungsformen. Gemeinsam werden diese begründet sortiert und versprachlicht.

Sequenz 4:

Wir schreiben in Kilogramm und Tonne.

Einstieg (s. Sequenz 1)

In der Hinführungsphase kommen alle Kinder in den Theaterkreis. Gemeinsam werden Repräsentanten für die Maßeinheit Tonne gesucht (Auto – 1 t, Krokodil – 2 t, Elefant – 6 t, LKW – 10 t, Walhai – 15 t). An der Tafel wiederholt die Lehrkraft die Versprachlichung und die Umwandlung in die unterschiedlichen Darstellungsformen:

- Kilogrammschreibweise – 5607 kg,
- gemischte Schreibweise – 5 t 607 kg,
- Kommaschreibweise – 5,607 t (gesprochen: fünf Komma sechs null sieben Tonnen).

Die Erarbeitung erfolgt an der Tafel mithilfe einer Stellentafel (siehe KV3), in die die Kinder verschiedene Gewichtsangaben eintragen und umwandeln sollen.

Danach bearbeiten die Kinder die KV3 in Einzelarbeit.

Zum Abschluss kommen die Kinder wieder in den Theaterkreis. An der Tafel stehen verschiedene Gewichtsangaben, jede Angabe in den drei unter-

schiedlichen Darstellungsformen. Gemeinsam werden diese begründet sortiert und versprachlicht.

Als Weiterführung können sich Aufgaben zum Rechnen in Sachsituationen anschließen. Außerdem sind Übungen zur Schulung der Grundvorstellungen sinnvoll, bei denen die Kinder auswählen müssen, in welcher Einheit ein Gegenständen gemessen wird.

Name: _____   Datum: _____

KV 1 Repräsentanten für das Merkplakat

1 g

100 g

250 g = 1/4 kg

500 g = 1/2 kg

1000 g = 1 kg

10 kg

100 kg

1000 kg = 1 t

Bünker / Vollmer • Fachfremd unterrichten Mathematik 3/4 • Illustrationen: Dorothee Wolters, Vignettenzeichnungen: Stefan Giertzsch

KV 2 Gewichte in Gramm und Kilogramm

1 Trage die Gewichtsangaben richtig in die Tabelle ein. Schreibe anschließend als gemischte Schreibweise und in Kommaschreibweise.

Gramm-schreibweise	kg			g			gemischte schreibweise	Komma-schreibweise
4 728 g			4	7	2	8	4 kg 728 g	4,728 kg
147 g								
10 250 g								
3 589 g								
1 250 g								
25 050 g								
633 g								
8 105 g								

2 Wandle um.

4 kg = _____ g   5 kg 400 g = _____ g   6 kg   30 g = _____ g

8 kg = _____ g   9 kg 800 g = _____ g   7 kg   8 g = _____ g

12 kg = _____ g   11 kg 325 g = _____ g   10 kg 100 g = _____ g

$2\frac{1}{4}$ kg = _____ g   17 kg   90 g = _____ g   13 kg 641 g = _____ g

3 Wandle um.

6 450 g = ___ kg _____ g   1 047 g = ___ kg _____ g $5\frac{1}{2}$ kg = ___ kg _____ g

2 500 g = ___ kg _____ g   4 001 g = ___ kg _____ g $1\frac{1}{4}$ kg = ___ kg _____ g

7 386 g = ___ kg _____ g   9 999 g = ___ kg _____ g $8\frac{1}{2}$ kg = ___ kg _____ g

9 703 g = ___ kg _____ g   3 911 g = ___ kg _____ g $\frac{3}{4}$ kg = ___ kg _____ g

4 Wandle um.

3,5 kg = _____ g   21,075 kg = _____ g   2 400 g = _____ kg

14,701 kg = _____ g   0,09 kg = _____ g   303 g = _____ kg

0,6 kg = _____ g   2,45 kg = _____ g   7 g = _____ kg

1,02 kg = _____ g   9,008 kg = _____ g   10 050 g = _____ kg

Bünker / Vollmer • Fachfremd unterrichten Mathematik 3/4 • Vignettenzeichnungen: Stefan Giertzsch

KV 3 Gewichte in Kilogramm und Tonne

1 Trage die Gewichtsangaben richtig in die Tabelle ein. Schreibe anschließend als gemischte Schreibweise und in Kommaschreibweise.

Kilogramm-schreibweise	t			kg			gemischte schreibweise	Komma-schreibweise
6 521 kg			6	5	2	1	6 t 521 kg	6,521 t
4 108 kg								
390 kg								
15 699 kg								
895 kg								
2 250 kg								
69 054 kg								
35 kg								

2 Wandle um.

3 t = _____ kg   3,5 t = _____ kg $\frac{1}{2}$ t = _____ kg

6 t = _____ kg   5,41 t = _____ kg   30 $\frac{1}{4}$ t = _____ kg

11 t = _____ kg   4,003 t = _____ kg   1 $\frac{3}{4}$ t = _____ kg

3 Wandle um.

7 000 kg = _____ t   2 436 kg = _____ t   750 kg = _____ t

3 500 kg = _____ t   17 kg = _____ t   5 kg = _____ t

15 010 kg = _____ t   904 kg = _____ t   19 300 kg = _____ t

4 Fülle die Tabellen aus.

3562 kg		2089 kg		15 005 kg	
3 t 562 kg	10 t 400 kg				
3,562 t			0,5 t		4,03 t

		65 kg			5 006 kg
	3 t 9 kg		91 t 500 kg		
1,068 t				37,75 t	

Bünker / Vollmer • Fachfremd unterrichten Mathematik 3/4 • Vignettenzeichnungen: Stefan Giertzsch

In den Richtlinien und Lehrplänen Mathematik wird über die Bedeutung eines pädagogischen Verständnisses von Leistungen und deren Auswirkungen auf Leistungsfeststellung, -bewertung und -rückmeldung informiert. Dabei wird der individuell erreichte Kompetenzstand eines Schülers erfasst und je nach Bezugsnorm interpretiert. Gemessen an der individuellen Bezugsnorm wird der individuelle Lernfortschritt ermittelt, gemessen an der kriteriumsorientierten Bezugsnorm wird der Fortschritt im Hinblick auf die zu erreichenden Kompetenzen (inhaltsbezogene und prozessbezogene Kompetenzen) festgestellt. Beide Vorgehensweisen sind zusammengenommen dazu geeignet, ein umfassendes Bild der individuellen Lernentwicklung eines Schülers abzugeben und dienen der Lehrkraft als Grundlage für die Planung des Unterrichts unter dem Aspekt der individuellen Förderung. Es ist wichtig, dass für die Kinder die Leistungsfeststellung und -bewertung im Vorfeld ausreichend transparent wird, um diese für eine nachvollziehbare und produktive Rückmeldung nutzen zu können. Durch stärken- und kriterienorientierte Rückmeldungen kann die Lehrkraft im Austausch mit den Schülern Grundlagen für eine zunehmend reflektierte Selbsteinschätzung schaffen und somit verantwortungsvolles Handeln fördern.

Eine umfassende Leistungsbewertung bezieht verschiedene Leistungen ein, welche der Schüler im Laufe des Unterrichts erbringt. Dabei sollte jedoch eine lernförderliche Atmosphäre herrschen, in der die Kinder vor allem in Lernsituationen entdeckend Mathematik erleben und sich nicht stetig in Überpüfungssituationen fühlen. Im Sinne eines stärkenorientierten und prozessbezogenen Umgangs mit Leistungen von Kindern, ist der produktive Umgang mit Fehlern für den Lernprozess bedeutend. Um Leistungen von Schülern gezielt wahrnehmen und beurteilen zu können, werden nun einige Instrumente vorgestellt:

Standortbestimmung

Standortbestimmungen erfassen die individuellen Kompetenzen eines Kindes im Hinblick auf ein bestimmtes Thema und werden zu Beginn und zum Abschluss einer Lerneinheit durchgeführt. Kinder erhalten dadurch eine Übersicht über die zu erwartenden Lerninhalte (Transparenz) und die Lehrkraft nutzt die Eingangsstandortbestimmung für die individuelle Förderung und die Planung des eigenen Unterrichts. Wenn nach Abschluss der Unterrichtseinheit dieselbe Standortbestimmung erneut durchgeführt wird, werden Lernfortschritte sichtbar.

Mathebriefe

Ein weiteres Instrument, um Lernstände der Schüler wahrzunehmen, stellt der Mathebriefkasten dar. Hierbei wählt die Lehrkraft geeignete Aufgaben oder Fragen aus, die die Kinder individuell bearbeiten und ihr Vorgehen zusätzlich mit eigenen Worten begründet darstellen. Diesen Mathebrief werfen sie anschließend in den Mathebriefkasten. Die Dokumentationen der Kinder werden durch die Lehrkraft sortiert und gesammelt und dadurch Lernzuwächse dokumentiert.

Interviews

Nicht immer geben schriftliche Aufzeichnungen den Lehrkräften Aufschluss über die Vorgehensweisen und Denkwege der Kinder. In diesen Fällen bietet sich ein Interview an, um Denkprozesse und Vorgehensweise zu hinterfragen und zu verstehen. Dadurch werden Leistungen differenziert und prozessorientiert wahrgenommen und für einen erfolgreichen Lernprozess genutzt.

Klassenarbeiten

Ein Instrument zur Leistungserhebung stellen die Klassenarbeiten (ab Klasse 3) dar, bei denen komplexe mathematische Kompetenzen (inhaltsbezogene und prozessbezogene Kompetenzen) überprüft werden. Durch differenzierte Klassenarbeiten ist es möglich, den individuellen Leistungsfähigkeiten der Kinder gerecht zu werden. Möglichkeiten der Differenzierung betreffen den Umfang, den Schwierigkeitsgrad, die Darstellungsform und den Zeitpunkt. In der Literatur finden sich verschiedene Modelle, wie z. B. Sternchenaufgaben-Modell, Fundamentum-Additum-Modell, Spaltenmodell, Aufgaben-Wahl-Modell.

Arbeitsergebnisse

Arbeitsergebnisse liegen immer dann vor, wenn die Kinder im Rahmen einer Unterrichtseinheit oder während der Beschäftigung mit Arbeits- oder Wochenplänen Leistungen erbringen. Diese alltäglichen Leistungen der Kinder sollten regelmäßig überprüft und dokumentiert werden.

Forscherhefte

Unter einem Forscherheft versteht man eine aktiv-entdeckende und forschende Auseinandersetzung mit einem mathematischen Sachverhalt. Neben einer inhaltlichen Erforschung werden auch soziale und prozessbezogene Kompetenzen angesprochen. Mit dem Forscherheft steht der Lehrkraft ein Dokument zur Verfügung, in welchem die Kinder ihre Entdeckungen, Erfindungen und Vorgehensweisen festhalten. Außerdem kann die Lehrkraft die Schüler gezielt bei der Arbeit mit dem Forscherheft beobachten. Hierfür bietet sich die Nutzung eines Beobachtungsbogens an.

Beobachtungsbögen

Beobachtungsbögen sind Instrumente zur Dokumentation von beobachtbaren Leistungen. Beobachtungen sollten dabei stets bewusst getätigt werden und nicht eine zufällige Notiz oder Erinnerung sein. Für eine gezielte Beobachtung bietet sich die Verwendung eines Beobachtungsbogens an. Dieser kann verschiedene allgemeine fachspezifische Beurteilungskriterien, konkrete inhaltsbezogene und prozessbezogenen Kompetenzen oder das Lern-/Leistungsverhalten eines Kindes oder einer Lerngruppe beinhalten. Die Bögen können entweder während des Mathematikunterrichts oder direkt im Anschluss daran ausgefüllt werden. Es ist notwendig, die Beobachtungsschwerpunkte vor einer Stunde festzulegen und ggf. einzelne Kinder für die Beobachtung auszuwählen.

Die KV auf der Seite XX ist ein mögliches Beispiel für einen Beobachtungsbogen, der an die fachspezifischen Beurteilungskriterien im Lehrplan des Landes NRW angelehnt ist.

Selbsteinschätzungsbögen

Selbsteinschätzungsbögen, wie z. B. Lernwege, Zielscheiben, Lernlandkarten, Smiley- oder Ankreuztabellen, geben den Kindern einen Überblick über ihren Lernprozess und machen sie mit zunehmenden Maße kompetent, Verantwortung für das eigene Lernen zu übernehmen.

Neben dieser Selbstbeurteilung ist es Aufgabe der Lehrkraft, die Schüler durch eine stärken- und kriterienorientierte Rückmeldung für ihren weiteren Lernprozess zu unterstützen und zu motivieren. Dies kann sowohl in mündlicher oder schriftlicher Form erfolgen.

Rückmeldebögen

Auf schriftlichen Rückmeldebögen informiert die Lehrkraft sowohl das Kind, als auch seine Eltern über den erreichten Lernstand zuvor transparent gemachter Beurteilungskriterien. Dies kann in Form von Ankreuztabellen oder auch durch individuelle Rückmeldetexte erfolgen.

Kindersprechstunde

Die Kinder haben die Möglichkeit, sich bei Gesprächsbedarf zu einer Kindersprechstunde bei der Lehrkraft anzumelden. Die Lehrkraft wiederum kann jedoch auch Kinder gezielt zu einem Gespräch einladen. Die Kindersprechstunden finden im Unterrichtsvormittag statt, während die Lerngruppe selbstständig an einer Aufgabe arbeitet. Zur Vorbereitung des Kindersprechtages tauschen sich Lehrkraft und Kind kurz über die zu besprechenden Inhalte aus. Dies ermöglicht beiden Parteien, gezielt Stellung zu nehmen und eine angemessene und genaue Rückmeldung zu geben bzw. zu erhalten.

Exkurs: Dyskalkulie

Zu jeder Zeit gab es im Mathematikunterricht Kinder, die Schwierigkeiten hatten, mathematische Inhalte zu erfassen und anzuwenden. Seit einiger Zeit werden diese Kinder als „rechenschwach" bezeichnet, wobei der Ausdruck der „Rechenschwäche" oder „Dyskalkulie" häufig suggeriert, dass Störungen im Sinne einer „Lernstörung" vorliegen mit neurobiologischen Ursachen. So einfach ist es jedoch nicht, denn die Ursachen für eine „Rechenschwäche" sind so vielfältig, wie die Erscheinungsformen. Viele verschiedene Einflussfaktoren beeinflussen die Entstehung einer Rechenschwäche, die sowohl beim Kind, im familiären Umfeld und im schulischen Bereich zu suchen sind und in Wechselwirkung zueinander stehen.

Doch nicht jedes Kind, das in gewissen Phasen Schwierigkeiten in Mathematik hat und langsamer lernt, hat direkt eine Rechenschwäche. Man spricht von einer Rechenschwäche, wenn die Schwierigkeiten dauerhaft anhalten und eine stetige Überforderung mit den Inhalten des Mathematikunterrichts bestehen.

Durch gezielte Beobachtung sollte versucht werden, eine Rechenschwäche möglichst frühzeitig zu erkennen und entsprechende Maßnahmen sowohl im gemeinsamen Klassenunterricht, als auch in individueller Kleingruppen- bzw. Einzelförderung umzusetzen. Dabei kommt es durchaus vor, dass Kinder bis ins dritte Schuljahr hinein Strategien entwickelt haben, die es ihnen ermöglichen, nicht aufzufallen. Bei genauerer Betrachtung finden sich bei rechenschwachen Kindern folgende Auffälligkeiten:

- zählendes Rechnen,
- fehlendes Mengenverständnis von Zahlen (kardinaler Zahlaspekt), Zahlen als Positionen innerhalb einer Zahlreihe,

- Stellenwertefehler bei Zahlen (Zifferntausch), keine Zahlenraum-Orientierung, Fehler bei Zahlvergleichen, Stellenwertefehler beim Rechnen,
- unzureichendes Operationsverständnis und fehlende Verknüpfung zu Sachsituationen,
- Auswendiglernen von Rechenoperationen oder bestimmten Aufgabentypen (z. B. fehlendes Verständnis für das Verfahren schriftlicher Subtraktion und für den Aufbau des kleinen Einmaleins, in Folge Kopfrechenprobleme beim schriftlichen Multiplikationsverfahren),
- keine tragfähigen Größenvorstellungen,
- geringes Selbstvertrauen.

Diese Aufzählung soll einen Überblick über einige typische Merkmale einer Rechenschwäche geben, die jedoch nicht als abgeschlossen und vollständig anzusehen ist. Es gibt eine Fülle weiterer Verhaltensweisen, Merkmale und Hinweise, die Anhaltspunkte für eine bestehende Rechenschwäche sein können. Es sei nochmal darauf hingewiesen, dass nicht alle Kinder, die in einem der oben genannten Bereiche Schwierigkeiten haben, als rechenschwach gelten.

Beim Verdacht auf eine bestehende Rechenschwäche sollte jedoch umgehend gehandelt werden. Als Lehrkraft geht es zunächst darum, durch gezieltere Beobachtungen Informationen und Hinweise zu sammeln, welche die oben genannten Punkte betreffen. Auch sollte bei einem begründeten Verdacht frühzeitig ein informatives Gespräch mit dem Elternhaus erfolgen und in Absprache mit den Eltern weitere Professionen, wie z. B. die Schulpsychologie, hinzugezogen werden. Vor allem geht es im Elterngespräch auch darum, die Eltern über ihre Rolle im Umgang mit einem rechenschwachen Kind zu informieren, sinnloses Üben und sinnhaftes häusliches Arbeiten zu erläutern und ggf. über weitere außerschulische Fördermaßnahmen zu informieren.

Auch ein rechenschwaches Kind kann im Laufe der Zeit ein Verständnis für die mathematischen Inhalte der Grundschule erwerben. Dazu sind jedoch verschiedene Rahmenbedingungen notwendig, welche nicht immer mit den Anforderungen und dem Unterricht in einem Regel-Klassenverband zu vereinbaren sind. Anregungen zur möglichen Aufbereitung und Umsetzung mathematischer Inhalte für den Unterricht und in einer Einzel-/Kleingruppenförderung finden sich in der Literatur.

Beobachtungsbogen: „Das zählt in Mathe!"

Klasse: _____   Schuljahr: _____   _____ / _____   _____. Halbjahr

Name des Kindes	Anstrengungsbereitschaft	Lernfortschritte	Verständnis (math. Begriffe / Operationen)	Schnelligkeit (Kenntnisse)	Richtigkeit und Angemessenheit (von Ergebnissen)	Flexibilität (Angemessenheit)	Nutzung vorhandenen Wissens und Könnens	Selbstständigkeit	Originalität (Vorgehen)	Anwenden (bei lebensweltl. Aufgabenstellungen)	Schlüssigkeit (der Lösung-wege und Überlegungen)	mündliche und schriftliche Darstellungsfähigkeit	Ausdauer	Kooperationsfähigkeit	Kommentar Förderhinweis

Bünker / Vollmer • Fachfremd unterrichten Mathematik 3/4 • Vignettenzeichnungen: Stefan Giertzsch

6. Ideenkoffer

Kopfrechenspiele

Beim Kopfrechnen, dem sogenannten mündlichen Rechnen, werden Rechenoperationen allein in der Vorstellung bewältigt. Im Gegensatz zum schriftlichen Rechnen, bei dem die Zahlen in Form von Ziffern dargestellt werden, muss hier also ein gesicherter Zahlbegriff vorhanden und ein grundlegendes Operationsverständnis mit seinen Rechengesetzen und -strategien entwickelt sein. Auch Grundlagen eines Kopfrechnens, wie dem schnellen Erfassen strukturierter Anzahlen, sind unter diesem Begriff im Lehrplan verankert. Diese Übungen sollten als fester Bestandteil einer Mathematikstunde die Schüler positiv auf den Unterricht einstimmen, gelernte Inhalte durch Wiederholung festigen und dadurch stabilisieren.

Grundlagenspiele

Blitzblick

Auf den Tageslichtprojektor werden Anzahlen strukturiert aufgelegt und für einen kurzen „Blitzblick" den Schülern präsentiert. Im dritten Schuljahr bietet sich hierfür die Verwendung der Geheimschrift an.

Zahlenräuber/Mister X

Ein Kind ist der Zahlenräuber/Mister X und schreibt die geraubte Zahl hinter die Tafel. Die anderen Kinder müssen nun durch möglichst geschicktes Erfragen herausfinden, welche Zahl der Zahlenräuber/Mister X geklaut hat. Dies kann durch das einfache Nennen von Zahlen oder durch die Bildung einer Rechenaufgabe erfolgen. Der Zahlenräuber/Mister X gibt im Anschluss einen Hinweis, ob seine Zahl größer oder kleiner als die genannte Zahl bzw. das Ergebnis ist. Im größeren Zahlenraum ist die Notation der genannten Zahlen sinnvoll. Zudem sollte immer wieder das geschickte Fragen/Raten thematisiert werden.

Die große Zahl gewinnt

Dieses Spiel wird mit einem Partner gespielt. Jeder erhält 25 kleine Zettel und schreibt darauf 25 verschiedene Zahlen. Anschließend mischen beide Spieler ihren eigenen Kartensatz durch und legen ihn zu einem verdeckten Stapel hin. Nun deckt jeder Spieler die oberste Karte des eigenen Stapels auf. Das Kind mit der größeren Zahl gewinnt beide Karten. Das Kind mit den meisten Karten gewinnt das Spiel.

Hohe Hausnummer (ab Klasse 2–3)

Für dieses Spiel gibt es eine Vielzahl an Varianten, die im Folgenden kurz vorgestellt werden.

Variante 1: Jedes Kind erhält einen Würfel und eine Stellentafel (je nach Schuljahr mit Einer-, Zehner-, Hunderter- und Tausenderstellen). Nach jedem Wurf darf das Kind entscheiden, an welcher Stelle die geworfene Zahl eingetragen wird.

Variante 2: Das Kind würfelt wiederum mit nur einem Würfel, muss sich jedoch vor dem Wurf entscheiden, an welcher Stelle es die Würfelzahl einträgen wird. Hier ist im Gegensatz zur Variante 1 der Glücksspielcharakter stark ausgeprägt.

Variante 3: Bei dieser Variante darf das Kind zwar nicht entscheiden, an welche Stelle es die gewürfelte Zahl einträgt, jedoch hat es Wahlmöglichkeiten. Die Zahlen werden in zuvor festgelegter Reihenfolge (z. B. von vorne nach hinten oder umgedreht) in den Spielplan eingetragen. Im ersten Wurf würfelt es zunächst mit drei/vier/fünf/sechs Würfeln und darf auswählen, welche Zahl es an die entsprechende Stelle eintragen möchte. Anschließend nimmt man immer einen Würfel weniger, bis zuletzt nur noch mit einem Würfel geworfen wird (z. B. bei einer Hausnummer im Zahlenraum bis 100 000).

Bei jeder Variante gilt natürlich: Sieger einer Runde ist, wer die höchste Zahl gewürfelt hat. Natürlich lässt sich dieses Spiel auch mit dem Namen „Niedrige Hausnummer" spielen.

Rechenspiele

Eckenrechnen

Es werden möglichst gleichstarke Rechner auf je vier Ecken des Klassenraumes aufgeteilt. Die Lehrkraft nennt eine Aufgabe. Nun hat jedes Kind genau eine Möglichkeit, das richtige Ergebnis in den Raum zu rufen, denn wahlloses Drauflosraten ist nicht erwünscht. Wer das richtige Ergebnis zuerst genannt hat, darf eine Ecke weiter wandern.

Eine weitere Variante ist das Gruppen-Eckenrechnen. Hierbei spielen insgesamt 16 Kinder mit, in jeder Ecke stehen je vier Kinder und bilden eine Gruppe. Auch bei diesem Spiel darf die Gruppe eine Ecke weitergehen, wenn ein Teammitglied eine Aufgabe zuerst richtig gelöst hat. Dieses Teammitglied

wandert jedoch nicht weiter mit, sondern setzt sich auf seinen Platz. Er hat ja bereits einen Teilerfolg für seine Gruppe erzielt und nun sind die anderen Gruppenmitglieder gefordert.

Fußball-Rechnen (oder: Rot gegen Blau)

Bei diesem Spiel wird ein Fußballfeld an die Tafel gezeichnet. An beiden Enden befinden sich Tore, in der Mitte eine Mittellinie und ein Anstoßpunkt. Auf jedem Weg zum Tor des Gegners sind zwei weitere Punkte als Stationen eingetragen. Ein mit Magnetpunkt versehener Fußball zeigt den Spielverlauf an und befindet sich zu Beginn am Anstoßpunkt. Ziel ist es, den eigenen Ball in das Tor des Gegners zu befördern, indem Rechenaufgaben schnell gelöst werden. Die Klasse wird in zwei Mannschaften eingeteilt. Jeder Spieler erhält verdeckt eine Karte, auf der neben einer Farbe auch ein Bild zu erkennen ist. So gibt es in dem Spiel jedes Bild doppelt, einmal in rot und einmal in blau. Die Lehrkraft verteilt die Karten so, dass gleichstarke Kinder gegeneinander antreten müssen, wobei der eigene Gegner erst im Verlauf des Spiels Gestalt annimmt und auch die Mannschaftszugehörigkeit zunächst unbekannt bleibt. Nun startet das Spiel, indem die Lehrkraft eine Aufgabe nennt. Zu diesem Zeitpunkt weiß noch kein Kind, wer die Lösung reinrufen darf. Das hat den Vorteil, dass alle Kinder damit beschäftigt sind, die Aufgabe zu lösen. Nach einer kurzen Verweildauer nennt die Lehrkraft ein Bild. Nur die beiden Kinder, die dieses Bild in Händen halten, dürfen nun die Lösung nennen. Das Kind, das die Lösung zuerst richtig gerufen hat, erhält einen Punkt für seine Mannschaft und der Ball wird weiter in Richtung des gegnerischen Tors geschoben.

Bingo

Jedes Kind erhält einen quadratischen Bingo-Spielplan mit 16 leeren Feldern.

Variante 1: Die Lehrkraft nennt nur Aufgaben, die von den Kindern rechnerisch ermittelt und anschließend an beliebiger Stelle auf ihrem Bingo-Spielplan eingetragen werden. Anschließend werden die Ergebniszahlen in beliebiger Reihenfolge genannt und die Kinder streichen diese Felder entsprechend durch. Wer zuerst vier Felder senkrecht, waagerecht oder diagonal in einer Reihe durchgestrichen hat, ist Bingo-König bzw. Bingo-Königin.

Variante 2: Sie notieren zu Beginn 16 Zahlen an der Tafel, welche die Schüler in ihr Bingo-Feld eintragen. Anschließend nennen die Kinder dazu passende Aufgaben.

Kopfrechen-Olympiade

Im Sinne eines mehrtägigen Wettbewerbs rechnen die Schüler z. B. über eine Woche hinweg an jedem Tag 10 Aufgaben. Dabei nennt die Lehrkraft die Aufgaben und die Schüler notieren jeweils nur das Ergebnis auf einem dazugehörigen Teilnehmerbogen. Entweder sammelt die Lehrkraft den Bogen am Ende der Woche ein, um ihn auszuwerten oder nach jeder täglichen Rechenübung wird eine Partnerkontrolle realisiert.

Partnerechnen

Zwei Schüler stellen sich gegenseitig Aufgaben, die jeder mit dem Ergebnis notiert. Anschließend werden die Ergebnisse verglichen und bei Unklarheit besprochen.

Rechenreise

Bei diesem Rechenformat lösen die Kinder Aufgaben, die an bestimmten Orten im Klassenraum für sie bereit liegen.

Variante 1: Auf jedem Tisch liegt ein Kärtchen mit einer Rechenaufgabe auf der Vorderseite. Die Kinder notieren die Aufgabe in ihrem Heft und vergleichen mit der Lösung, die auf der Kartenrückseite steht.

Variante 2: An drei bis vier Orten im Klassenraum liegen Aufgabensammlungen. Die Kinder laufen, ähnlich wie bei einem Laufdiktat, zu den Aufgaben hin, merken sich diese, schreiben sie an ihrem Platz in ihr Heft und lösen sie. Nach Beenden der Rechenreise erfolgt die Kontrolle.

Blanko-KV Kopfrechen-Olympiade

Kopfrechen-Olympiade   von _____

Datum					
1.					
2.					
3.					
4.					
5.					
6.					
7.					
8.					
9.					
10.					
Punkte					

Zusatz-KV Ablauf einer Mathe-Konferenz

Mathe-Konferenz	
Jedes Kind präsentiert und erklärt seine Ergebnisse (sein Vorgehen, seine Ideen, seine Tricks, seine Schwierigkeiten). Die Partner hören aufmerksam zu. Forschermittel können euch dabei helfen.	So bin ich vorgegangen… Ich hatte Schwierigkeiten… Ich habe nur überlegt…
Die Zuhörer können nachfragen, wenn sie etwas nicht verstanden haben. Tipp: Beispiele oder Forschermittel können dir bei der Erklärung helfen.	Wie meinst du das…? Das habe ich nicht verstanden. Erkläre es mir noch mal!
Nun vergleicht ihr eure Ergebnisse (eure Vorgehensweisen, eure Ideen, eure Tricks). Welcher Weg oder welche Ideen waren besonders clever? Gab es Schwierigkeiten oder Fehler? Wie kam es dazu? Konntet ihr eine Lösung finden?	Du bist anders vorgegangen als ich, … Ich finde die Idee clever, weil … An der Stelle war es schwierig, weil …

Bünker / Vollmer • Fachfremd unterrichten Mathematik 3/4 • Vignettenzeichnungen: Stefan Giertzsch

Zusatz-KV Rollenkarten für eine Mathe-Konferenz

Leiter der Mathe-Konferenz	Schreiber der Mathe-Konferenz	Zeitwächter der Mathe-Konferenz

Du achtest darauf, dass alle Kinder dran kommen und ausreden dürfen. Du achtest auf den richtigen Ablauf der Mathe-Konferenz. Du behältst das Ziel eurer Konferenz im Auge.	Du achtest darauf, dass wichtige Ergebnisse auf dem Protokollbogen festgehalten werden. Wenn ihr etwas präsentieren müsst, bereitet es für die Klasse gut erkennbar vor. Nutzt Forschermittel.	Du achtest darauf, dass eure Mathe-Konferenz nicht zu lange dauert. Schaue regelmäßig auf die Uhr oder nutze eine Sanduhr. Beende die Konferenz pünktlich.

Bünker / Vollmer • Fachfremd unterrichten Mathematik 3/4 • Illustrationen: Dorothee Wolters, Vignettenzeichnungen: Stefan Giertzsch

Zusatz-KV Protokoll einer Mathe-Konferenz

 **Protokoll einer Mathe-Konferenz am** _____

Teilnehmer: _____ _____ _____

Wir haben gesprochen über:

Das sind unsere Ergebnisse (Ideen, Vorgehensweisen, Tricks, Schwierigkeiten):

Bünker / Vollmer • Fachfremd unterrichten Mathematik 3/4 • Illustrationen: Dorothee Wolters, Vignettenzeichnungen: Stefan Giertzsch

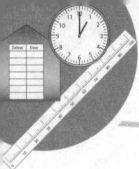

	H	Z	E

Bünker / Vollmer • Fachfremd unterrichten Mathematik 3/4 • Vignettenzeichnungen: Stefan Giertzsch

Zusatz-KV Ziffernkarten

0	1	2	3
4	5	6	7
8	9	+	–

Zusatz-KV Stellentafel 1

H	Z	E

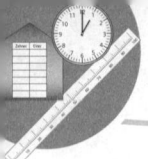

Zusatz-KV Stellentafel 2

T	H	Z	E

Bünker / Vollmer • Fachfremd unterrichten Mathematik 3/4 • Vignettenzeichnungen: Stefan Giertzsch

Zusatz-KV Stellentafel 3

M	HT	ZT	T	H	Z	E

Bünker / Vollmer • Fachfremd unterrichten Mathematik 3/4 • Vignettenzeichnungen: Stefan Giertzsch

Zusatz-KV Zahlenstrahl

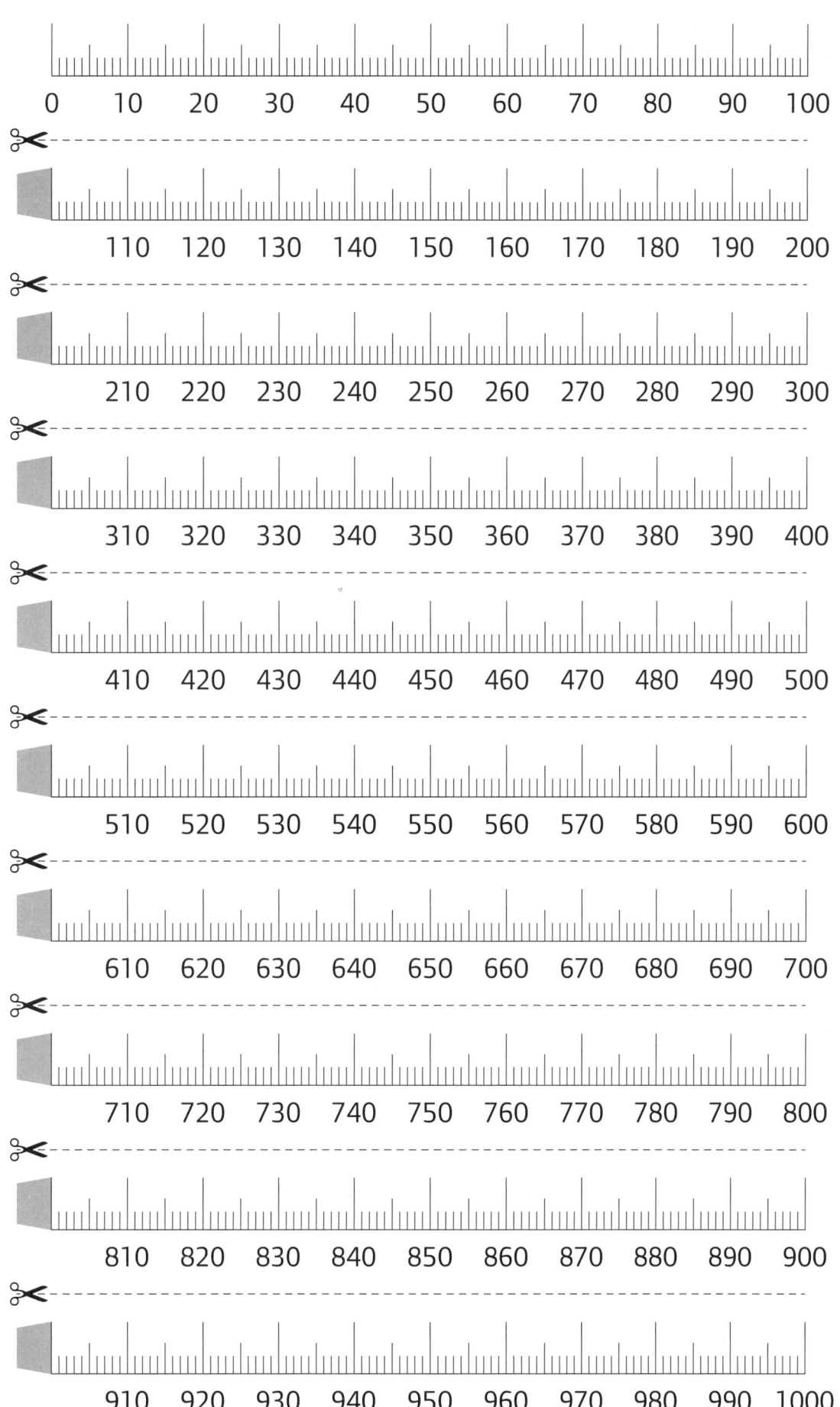

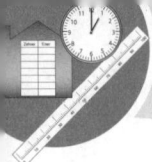
Bartnitzky, Horst/Brügelmann, Hans/Hecker, Ulrich/Heinzel, Frederike/Schönknecht, Gudrun/ Speck-Hamdan, Angelika (2009): Kursbuch Grundschule. Grundschulverband: Frankfurt am Main.

Bobrowski, Susanne/Forthaus, Reinhard (1998): Lernspiele im Mathematikunterricht: Funktionen von Lernspielen, didaktische Anregungen, Spiele für die Klassen 1 bis 4. Cornelsen Verlag: Berlin.

Fink, Christine (2005): 55 Fünf-Minuten-Matheübungen. Verlag an der Ruhr: Mülheim an der Ruhr.

Gaidoschik, Michael (2002): Rechenschwäche – Dyskalkulie. Eine unterrichtspraktische Einführung für LehrerInnen und Eltern. Persen Verlag: Hamburg.

Gaidoschik, Michael (2007): Rechenschwäche verstehen – Kinder gezielt fördern. Ein Leitfaden für die Unterrichtspraxis. Persen Verlag: Hamburg.

Kmk: Beschlüsse der Kultusministerkonferenz. Bildungsstandards im Fach Mathematik für den Primarbereich (Jahrgangsstufe 4). https://www.kmk.org/fileadim/Dateien/veroeffentlichungen_beschluesse/2004/2004_10_15-Bildungsstandards-Mathe-Primar.pdf. 2004 (09.08.2017).

Ministerium für Schule und Weiterbildung des Landes Nordrhein-Westfalens: Richtlinien und Lehrpläne für die Grundschule in Nordrhein-Westfalen. Ritterbach Verlag: Frechen (2008).

Selter, Christoph: Projekt PIKAS: Deutsches Zentrum für Lehrerbildung Mathematik. https://pikas.dzlm.de/material-pik. (13.02.2018).

Radatz, Hendrik/Rickmeyer, Knut (1991): Handbuch für den Geometrieunterricht an Grundschulen. Schroedel Schulbuchverlag: Braunschweig.

Radatz, Hendrik/Schipper, Wilhelm (1983): Handbuch für den Mathematikunterricht an Grundschulen. Schroedel Schulbuchverlag: Braunschweig.

Radatz, Hendrik / Schipper, Wilhelm / Dröge, Rotraut / Ebeling, Astrid (1999): Handbuch für den Mathematikunterricht 3. Schuljahr. Schroedel Schulbuchverlag: Braunschweig.

Schipper, Wilhelm / Dröge, Rotraut / Ebeling, Astrid (2000): Handbuch für den Mathematikunterricht 4. Schuljahr. Schroedel Schulbuchverlag: Braunschweig.

Wittmann, Erich Ch./Müller, Gerhard N. (1992): Handbuch produktiver Rechenübungen. Band 2. Vom halbschriftlichen zum schriftlichen Rechnen. Ernst Klett Schulbuchverlag: Stuttgart, Düsseldorf, Berlin und Leipzig.